Couvertures supérieure et inférieure
en couleur

"Introduction aux" Grands Fleuves Historiques

de Léon Metchnikoff

Bulletin de la Soc. de Géographie de Neuchâtel 1888.

EXTRAIT D'UN COURS FAIT A L'ACADÉMIE DE NEUCHATEL

LES

GRANDS FLEUVES

HISTORIQUES

PAR

M. LÉON METCHNIKOFF

Tiré du 3me Bulletin de la Société de Géographie de Neuchâtel

NEUCHATEL
IMPRIMERIE DE LA SOCIÉTÉ TYPOGRAPHIQUE

1888

LES

GRANDS FLEUVES HISTORIQUES

EXTRAIT D'UN COURS FAIT A L'ACADÉMIE DE NEUCHATEL

PAR

M. LÉON METCHNIKOFF[1]

Introduction.

Les quatre grandes civilisations de la haute antiquité se sont toutes épanouies dans des régions fluviales. Le Hoang ho et le Yangtze kiang arrosent le domaine primitif de la civilisation chinoise ; l'Inde védique ne s'est point écartée du bassin de l'Indus et du Gange ; les monarchies assyro-babyloniennes ont eu pour théâtre la vaste région dont le Tigre et l'Euphrate sont les deux artères vitales; l'Egypte enfin, comme le disait déjà Hérodote, est un « don, un présent du Nil ».

Un chercheur d'analogies et de combinaisons symétriques aurait pu nous faire observer cette remarquable coïncidence, que les grands fleuves historiques sont invariablement représentés, en Asie du moins, par des couples binaires, si ce n'est

(1) Les pages qui suivent sont empruntées au cours fait par M. L. Metchnikoff à l'Académie de Neuchâtel, pendant le semestre d'hiver 1885-1886. L'introduction ayant déjà été insérée dans la *Revue Scientifique* (Revue Rose), du 11 sept. 1886, nous n'en donnons ici que quelques extraits qui nous paraissent nécessaires à l'intelligence du sujet.

que, dans l'Inde, chaque couple se dédouble à son tour ; l'Indus nous apparaît comme complété par le Satledj, et le Gange par la Djamna, tandis que le Brahmapoutra, qui vient aussi déverser ses eaux dans le vaste réseau gangétique, est resté, jusqu'à ce jour, en dehors du domaine de l'histoire. En Afrique, ce dualisme, s'il existe, est moins apparent.

Au point de vue qui nous intéresse le plus particulièrement pour le moment, la situation de la première capitale historique de l'Egypte à Memphis, à la tête du delta, me semble très caractéristique ; car il fait ressortir avec évidence le caractère essentiellement fluvial, nilotique de la civilisation égyptienne. Ayant son berceau à quelques lieues seulement de la Méditerranée, c'est-à-dire d'un milieu géographique dont les avantages incontestables et la grande valeur historique ont été si bien démontrés par tous les grands maîtres de la géographie comparée, depuis C. Ritter, l'empire pharaonique, au lieu de s'y précipiter, lui tourne le dos et se dirige vers la Thébaïde. Les Egyptiens ne prennent pied dans le delta qu'à une époque tardive de leur histoire, lorsque l'empire était déjà en pleine décadence, et, suivant M. Maspero, ce transport de la capitale à Saïs, sous la XXIe dynastie, n'a pas peu contribué à accélérer le travail naturel de sa décomposition. — D'ailleurs, bien avant le début de la période saïte, en Egypte, les temps de ce que l'on pourrait appeler les premières sédimentations historiques étaient déjà passés.

Une nouvelle période de l'histoire universelle fut inaugurée lorsque les villes phéniciennes, déjà nombreuses sur le littoral syrien plus de dix siècles avant Jésus-Christ, eurent colonisé les îles de la Méditerranée et bordé son littoral africain de leurs puissantes factoreries, Hippo, Hadroumète, Leptis-la-Grande, jusqu'aux Colonnes d'Hercule et même au delà, à Cadix et aux Canaries. Carthage, la Ville-Neuve punique, fut fondée vers l'an 800 de l'ère ancienne et devint presque aussitôt à son tour un centre puissant de la nouvelle civilisation si essentiellement méditerranéenne. On sait ce que le monde actuel doit à ces hardis navigateurs ; mais le mérite principal des Phéniciens devant l'histoire universelle consiste peut-être en ce qu'ils transmirent aux Grecs et aux Italiotes le flambeau sacré qu'eux-mêmes avaient reçu des Assyriens et des Egyptiens. La Provence et la Presqu'île

Ibérique subissent aussi leur part d'influence directe de la Phénicie et de Carthage; mais elles ne furent annexées définitivement au domaine historique que beaucoup plus tard, par la conquête romaine. Ainsi, la grande ère des civilisations *transmises* et *méditerranéennes*, si distinctes des civilisations antiques, qui étaient *isolées* et *fluviales*, fut inaugurée, dix siècles environ avant l'ère vulgaire, pour le monde occidental, par l'avènement des fédérations phéniciennes.

Une période de décadence commença, pour la Grèce, bien avant l'ère chrétienne; et quelques siècles plus tard pour le monde romain. Mais cette décadence ne fut que relative, et M. E. Renan fait justement observer que les Grecs exercèrent, pour les sciences et les arts, une suprématie réelle en Europe jusqu'à la chute de l'empire byzantin. L'Italie conserva aussi des restes nombreux de son ancienne splendeur jusqu'à la Renaissance et même au delà. La Rome de la décadence renaquit catholique des cendres de l'incendie allumé par les barbares, et les républiques municipales de l'Italie continuèrent jusqu'aux temps modernes l'oligarchie punique et classique.

Ce qui caractérise surtout cet âge secondaire des sédimentations historiques, inauguré par l'avènement des fédérations phéniciennes, c'est que les peuples et les nations pourront désormais faiblir et s'éclipser, — comme les Egyptiens depuis la conquête persane; — mais que le flambeau de la civilisation universelle se transmettra de mains en mains et ne s'éteindra plus, jusqu'aux temps présents.

Après la destruction du Sérapéum et de la Bibliothèque d'Alexandrie par les moines chrétiens du nome nitriote et de la Thébaïde; après l'établissement de la théocratie papale à Rome et de celle des évêques et des patriarches en Orient, un souffle ascétique semble, par moments, bien prêt à étouffer la lumière vivifiante et à replonger le monde méditerranéen dans les ténèbres de la barbarie; mais, au moment critique, les Sémites de l'Asie antérieure viennent encore une fois au secours de l'Europe aryenne; les Arabes convertis à l'Islam, poussant devant eux les Libyens et les Berbères, traversent victorieusement le littoral africain de la Méditerranée, du mont Sinaï et de la Cyrénaïque jusqu'à Gibraltar, et viennent fonder les royaumes maures en Espagne.

La période méditerranéenne de l'histoire universelle n embrasse pas seulement les puissantes civilisations écloses sur les bords de cette mer intérieure africo-européenne, qui présente le type le plus heureux, mais non l'exemple unique d'une méditerranée. Le monde assyro-babylonien, qui, par le Tigre et l'Euphrate, avait déjà joué un rôle des plus glorieux dans la période primaire des civilisations fluviales ou isolées, aboutit aussi à une méditerranée réduite, le golfe Persique. Les anciennes capitales de la Chaldée, Our, Ouroukh, Babylone, Sippara, se trouvaient, par rapport à cette mer voisine, dans une situation tout à fait analogue à celle de Memphis ou de Thèbes si peu éloignées de la Méditerranée. Le Chat-el-Arab, ce bras unique par lequel le Tigre et l'Euphrate déversent aujourd'hui leurs eaux dans cette échancrure profonde de l'océan Indien, n'existait pas dans l'antiquité reculée. Comme le delta du Nil, il est le produit du travail accumulé de nombreuses générations. Anciennement, les deux fleuves mésopotamiens avaient leurs embouchures distinctes, réunies par un enchevêtrement de bras, de coulées et de marigots, aux contours capricieux, changeant au hasard des saisons et des pluies. Ces capitales chaldéennes étaient donc, comme Memphis en Egypte, séparées de la mer par un amas d'alluvions boueuses et d'eaux stagnantes, formant une région inhospitalière et empestée. Aussi voyons-nous se répéter, en Mésopotamie, le spectacle que nous avons déjà vu sur les bords du Nil ; l'histoire, au lieu de se diriger vers la mer en descendant le courant des fleuves, le remonte, au contraire, jusqu'à el-Assour et Ninive par le Tigre et, par l'Euphrate, jusqu'à Karkhemîch des Hittites, qui la met en contact avec la petite civilisation locale de la Palestine et qui la rapproche, par la Syrie, de la Méditerranée.

La situation changea lorsque le cours des deux fleuves fut régularisé par des travaux séculaires et lorsque la zone fluviale de la basse Chaldée se trouva, par la suite des temps, transformée en une zone ou région méditerranéenne. Nous savons déjà qu'une transfiguration analogue du milieu géographique avait été fatale pour la civilisation pharaonique des bords du Nil. Les choses se passèrent autrement en Mésopotamie. Nous étudierons en temps et lieu plus en détail ce premier mouvement historique, qui se complique en réalité par des incidents plus ou moins adventices, par de nouveaux apports ethniques, en premier lieu par l'arrivée des Aryas, venus de la haute région de l'Oxus et du Yaxarte, où ils doivent avoir fait l'apprentissage historique de la période fluviale, dans l'isolement et à un degré très avancé. Il nous importe de constater ici que, vers la fin du VIIe siècle de l'ère ancienne, l'Asie antérieure eut à traverser une crise analogue à celle qui fut fatale à l'Egypte des dynasties saïtes, mais qu'elle sut la traverser victorieusement. Nous voyons tout à coup Ninive qui, pendant la longue période fluviale, semblait avoir absorbé en elle toutes les capitales de la basse Chaldée, s'éclipser devant une rivale si souvent vaincue et détrônée. « Les autres capitales, dit M. Joachim Ménant, dont quelques-unes pouvaient rivaliser d'antiquité avec elle, ont successivement disparu; Babylone a survécu. Sa position sur l'Euphrate lui assurait cette supériorité inévitable. » — « Lorsque le moment fut venu où l'empire assyro-chaldéen dut atteindre son plus grand développement, ce ne fut point Ninive qui devint la reine du monde, mais Babylone qui, vaincue et saccagée, resta cependant la capitale du grand empire de Chaldée. » « Babylone devint, pour ainsi dire, à cette époque (lors de la fondation du second empire chaldéen par Nabopolassar, de 625 à 536 avant Jésus-Christ), une ville nouvelle. A part quelques traces des restaurations d'Assarhaddon, on ne rencontre rien qui rappelle la ville antique, et Nabuchodonosor paraît en être le véritable fondateur. »

Cette ville nouvelle que Nabuchodonosor créait ainsi sur l'emplacement de l'une des plus anciennes cités du monde, ce fut la Babylone ayant un débouché sur une mer intérieure, le golfe Persique, par le port de Térédon. Aussi, l'un des premiers soins de ce grand régénérateur de la basse Chaldée fut-il de créer ce «canal royal» de Pallacopas, qui permettait à la capitale de devenir l'entrepôt des richesses de l'Inde, que les derniers souverains ninivites avaient annexée au domaine historique du monde occidental. La conquête persane vint bientôt mettre fin à l'œuvre grandiose de Nabuchodonosor et de ses successeurs. Mais Darius Hystaspe eut beau démanteler les fortifications de la cité rebelle, et Xerxès ruiner ses temples: Babylone, au temps d'Hérodote, ne semblait avoir rien perdu de sa splendeur. D'ailleurs, ce n'est pas le courroux, c'est plutôt le manque d'intelligence de ses conquérants qu'elle avait à redouter; car, les « conquérants persans, habitués aux routes des plateaux et sans expérience des choses de la mer, arrêtèrent le mouvement des échanges entre l'Inde et la Mésopotamie. Voyant dans les fleuves des lignes de défense et non des routes, ils en coupèrent le cours par des barrages, afin d'empêcher la navigation et de se garantir contre les tentatives d'attaques.[1] Heureusement, la conquête macédonienne vint arrêter, avant qu'il fût trop tard, ce travail de réaction. Alexandre ne se contenta pas de restaurer la voie vers le golfe Persique inaugurée par Nabuchodonosor, il fit encore creuser à Babylone même un port capable de contenir mille navires, qu'il fit construire sur place avec les cyprès qui croissent dans la Babylonie, surveillant en personne le nettoyage du bras de Pallacopas. On sait que le héros macédonien avait formé le projet de transporter sa capitale dans la superbe cité du bas Euphrate; mais il en fut empêché par sa mort prématurée. Séleucus Nicator, dans l'espoir puéril, dit-on, d'attacher son nom à la fondation d'une ville opulente, transporta les richesses de Babylone à Séleucie, sur le Tigre, et porta ainsi un coup mortel à la prospérité de la cité de Nabuchodonosor. Mais les destinées de la civilisation mésopotamienne, heureusement arrivée à sa période méditerranéenne, ne tenaient plus à l'emplacement de sa capitale. Depuis, surtout, que le Chat-el-Arab était devenu navigable, il importait peu, en réalité, que l'entrepôt du commerce de la mer des Indes restât à Babylone ou qu'il fût transporté plus au nord-est, à quelques dizaines de kilomètres, à Séleucie (Ctésiphon) ou à Bagdad; seulement ce dernier déplacement, qui fut définitif, eut pour conséquence naturelle la création du port de Bassorah qui, aux temps glorieux des califes, comptait près d'un million d'habitants.

Ainsi, la civilisation assyro-chaldéenne sortit victorieuse de la crise dans laquelle avait succombé l'Egypte des Pharaons. En pleine période méditerranéenne de l'histoire universelle, Bagdad et Bassorah devinrent un centre de ce grand travail historique qui eut pour conséquence, entre autres, cette impulsion islamite qui lança la fourmilière mobile des nomades de l'Arabie, de l'Orient vers l'Occident; et lorsque Tarik, le célèbre capitaine du calife, traversant le détroit de Gibraltar, venait fonder en Andalousie les glorieux royaumes musul-

[1] Elisée Reclus, *Nouvelle Géographie universelle*, t. IX.

mans, qui furent un lieu de refuge pour les sciences, les arts et la philosophie classiques, pendant l'une des plus sombres époques de l'histoire des Aryens d'Europe, il apportait à son insu, à la grande Méditerranée européenne, le tribut légitime de sa modeste rivale orientale. Les croisades représentent la contre-partie de ce grand courant historique du moyen âge; mais aucune des fondations franques dans le Levant n'eut les destinées glorieuses des royaumes musulmans de Grenade et de Cordoue.

Géographiquement, l'Europe continentale se rattache à la Méditerranée par le littoral de la Provence, et c'est par l'influence latine dans la Gaule narbonnaise qu'elle débute aussi dans l'histoire commune du genre humain. Jusqu'au moyen âge, les peuples continentaux de l'Europe ne figurent dans les annales de l'humanité que par la part qu'ils ont prise aux grandeurs ou à la décadence de l'empire méditerranéen unifié par la «paix romaine». Pendant tout le moyen âge, ces peuples ne vivent pour l'histoire que par les épaves qu'ils se sont appropriées de ce grand naufrage méditerranéen. Leur culte est gréco-sémite, leur politique césarienne; leur science est arabe ou juive et leur art byzantin. Charlemagne ne s'est pas arrogé le titre d'héritier des Césars; avec lui et après lui, la papauté et l'empire, les Guelfes et les Gibelins, etc., ne font que déplacer au delà des Alpes les coordonnées du monde méditerranéen. Mais l'Europe continentale, qui, par le fait de ce déplacement, devenait le foyer central d'une civilisation dont elle n'avait été qu'une simple annexe aux temps classiques, possède aussi des mers intérieures qui lui sont propres; et c'est vers ces méditerranées du nord, moins ensoleillées et plus réduites, que vient converger naturellement tout ce que notre moyen âge avait en lui de neuf, de spontané, d'autochtone: aussi ne tarderons-nous pas à voir surgir, sur les rives de la mer du Nord (en Angleterre, dans le delta du Rhin, en Danemark) et de la Baltique (en Suède, en Livonie, en Russie) des foyers secondaires nouveaux, dont les destinées varient, mais dont l'importance, en général, s'accroît rapidement de siècle en siècle.

A quelque point de vue que nous nous placions, le moyen âge en Europe et en dehors de l'Europe (en Mésopotamie) ne nous apparaît que comme un épisode dans cette vaste période de l'histoire universelle qui a pour théâtre le milieu méditerranéen, et qui a été inaugurée, pour le monde occidental, par l'avènement des fédérations phéniciennes.

Une civilisation ne saurait être qu'isolée — comme les anciennes civilisations fluviales — ou communicative, se transmettant indéfiniment, comme celles que nous voyons briller autour de la grande Méditerranée, depuis le IXe, peut-être même le Xe siècle de l'ère ancienne. Aussi aurions-nous pu nous contenter, au point de vue particulier qui nous préoccupe dans cette étude, de borner nos grandes divisions géographiques de l'histoire aux deux vastes périodes consécutives qui viennent d'être retracées : des civilisations primaires, fluviales et isolées, et des civilisations secondaires, transmises et maritimes. Et cela d'autant plus que, dans une série graduée, il ne saurait être question de barrières infranchissables, de limites rigides et nettement tranchées. Ce que je tiens à établir, c'est que toutes les civilisations historiques les plus anciennes nous apparaissent invariablement dans un milieu géographique déterminé, caractérisé par la présence de *certains* grands fleuves, dont nous étudierons plus tard les qualités exceptionnelles, mais que nous appellerons provisoirement *les grands fleuves historiques,* pour les distinguer de leurs congénères qui peuvent être plus grands encore — comme par exemple le Mississipi avec le Missouri ou les fleuves géants de la Sibérie — mais dont la valeur a été, jusqu'à ce jour, nulle ou à peu près, au point de vue de l'histoire.

Ces grands fleuves historiques, qui seuls doivent nous préoccuper pour le moment, sont : le Nil, qui a vu grandir, naître et expirer l'Egypte pharaonique ; le Tigre et l'Euphrate, qui baignaient de leurs eaux riches en alluvions fertilisantes des campagnes admirablement cultivées, des cités opulentes et industrieuses, des tours grandioses, comme la fameuse tour de Babel, élevées pour des observations astronomiques, pendant que les ténèbres les plus épaisses recouvraient encore l'Europe entière et tout le reste de l'Asie ; l'Indus et le Gange, sur les nombreux confluents desquels la première civilisation aryenne a atteint l'âge des inimitables poèmes épiques, du code brahmanique de Manou et des subtiles spéculations du bouddhisme, avant d'être arrivée au delta gangétique qui lui ouvrait un débouché maritime, très médiocre d'ailleurs, vers l'archipel malais et l'Indo-Chine; c'est enfin le fleuve Jaune et le fleuve Bleu, dont les Chinois avaient appris à régulariser le cours capricieux et à exploiter les richesses naturelles, avant la conquête du bassin de la rivière des Perles, de celle de Fo'kien et du littoral qui mettait à leur disposition les avantages de deux méditerranées, la mer Jaune avec ses dépendances et la mer de Cochinchine. Cette conquête se fit, non pas tant aux dépens d'ennemis hétérogènes et barbares, mais surtout sur les alluvions et les débordements du Hoang ho et du Yangtze kiang. Les éléments ethniques nouveaux, si mal étudiés encore, qui s'incorporaient à la nation des fils de Hañ, à mesure qu'elle progressait vers le tropique du Cancer et vers la mer, forment aujourd'hui une partie intégrante de l'empire chinois. Mais dans l'histoire de cette grande monarchie de l'Extrême Orient, nous pouvons distinguer aussi une période primaire, essentiellement fluviale, puis une période secondaire et méditerranéenne. Au fond, les choses se sont passées en Chine d'une manière analogue à celle qui, à l'Occident, déversa sur le domaine cosmopolite de la Méditerranée, les trésors que les Egyptiens et les Assyro-Chaldéens avaient acquis antérieurement. Mais l'unité réelle des lois de la nature n'est pas exclusive de la variété apparente des phénomènes. Tout grand fleuve aboutit à la mer, et toute civilisation fluviale à ses débuts, à moins de périr, doit se développer naturellement en une civilisation plus vaste, communicative, expansive et maritime; mais un peuple épuisé par de longs siècles de luttes historiques peut ne plus posséder assez d'énergie et de vitalité pour franchir victorieusement, quand l'heure sera venue, la barre fatale. Une Alexandrie ne peut pas manquer de naître aux embouchures d'un Nil quand le terrain aura été convenablement préparé, quand les richesses nécessaires pour son éclosion auront été accumulées, quand les peuples avoisinants auront été dûment disciplinés et assouplis pour les rapports internationaux et pacifiques. Les Egyptiens n'ont suffi qu'à une partie de cette besogne, aussi l'Alexandrie du delta nilotique ne fut-elle jamais une cité égyptienne. Ce fait est topique, et nous avons vu les événements suivre un cours différent en Mésopotamie où, d'abord Babylone avec Pallacopas et Térédon, et plus tard Bagdad avec Bassorah représentent comme une Alexandrie indigène. Mais les causes et les conséquences naturelles de ces épanouissements et de ces décadences ont été identiques sur les bords du Nil et en Mésopotamie. Une période maritime, méditerranéenne à ses débuts, période des civilisations transmises expansives, découle naturellement de la phase précédente; et l'isolement comme l'expansivité, sans être jamais absolus, peuvent se présenter à bien des degrés.

Pour M. Maspero, la grande ère, la limite entre l'histoire des peuples isolés et l'histoire générale de l'humanité, serait antérieure d'une dizaine de siècles à la fondation de Carthage et à la colonisation par les Phéniciens des rives et des îles de la Méditerranée; elle lui semble indiquée par l'invasion des Pasteurs en Egypte ou, plutôt, par le contre-coup de cet événement, la conquête égyptienne de la Syrie. En effet, à partir de cette date — du XXe au XVIIIe siècle avant Jésus-Christ — l'Egypte commence à se mêler d'une manière assez active des destinées des peuples de l'Asie voisine et à subir à son tour beaucoup plus que par le passé les influences et les conquêtes mésopotamiennes. Les Phéniciens, comme il a été dit, ne devinrent mûrs pour la grande œuvre historique qui leur incombait qu'après un long apprentissage à l'école de la domination pharaonique. Mais cet échange d'influences mutuelles, de produits, d'inventions, d'idées et de mœurs reste encore bien limité pendant plusieurs siècles, et se localise dans une région unique et de peu d'étendue, entre les montagnes de la Susiane et la chaîne libyque. Ce n'est qu'une faible lueur qui précède le jour prêt à poindre; tandis qu'avec l'avènement des fédérations puniques, le mouvement se généralise et acquiert une importance et une amplitude beaucoup plus universelles. Peu importe, d'ailleurs, le nombre des jalons et les lieux où nous les aurons plantés, pourvu que la route suivie soit bien marquée et que l'enchaînement naturel des causes et des effets apparaisse avec le plus d'évidence sous son jour véritable. Déjà bien avant l'invasion des Pasteurs, l'Egypte n'était pas, non plus, détachée du reste du monde (ou plutôt de l'Asie antérieure) aussi absolument qu'on l'a souvent affirmé. On a beaucoup exagéré l'isolement des peuples civilisés de l'antiquité; mais, pour ne pas tomber dans l'exagération contraire, nous sommes forcés d'admettre que chacune des quatre civilisations primaires enregistrées par l'histoire universelle a eu une période plus ou moins longue pendant laquelle elle se moulait, pour ainsi dire, sur son milieu topique et acquérait ainsi une physionomie particulière qui lui reste propre jusqu'aux temps les plus avancés. C'est seulement dans ce sens que nous proposons l'isolement comme la caractéristique la plus apparente de la période la plus ancienne de l'histoire universelle.

Ainsi que l'isolement, l'expansion a aussi ses nuances et ses degrés. La transmissibilité des civilisations a été bien grande déjà au début même de la période méditerranéenne; elle deviendra beaucoup plus considérable encore lorsque l'histoire aura quitté les bords des mers intérieures pour se transporter vers un milieu plus vaste, vers l'Océan. Tout océan, l'Atlantique surtout, n'est qu'une vaste méditerranée, ou toute mer intérieure n'est en réalité qu'un diminutif de l'océan. L'usage n'en a pas moins consacré depuis longtemps la distinction que l'on fait entre le moyen âge et les temps modernes; et il y a, en effet, entre ces deux âges une différence d'envergure et d'amplitude qui correspond assez exactement aux rapports des dimensions de la plus vaste des méditerranées à l'Océan. On est convenu d'accepter comme limite de démarcation entre ces deux périodes la découverte du nouveau monde par Christophe Colomb. Or l'une des conséquences les plus naturelles et les plus directes de cet événement, fut la décadence graduelle et rapide des Etats méditerranéens au profit des nations et des pays atlantiques.

Cette dernière période de l'histoire universelle, *la période des civilisations océaniques,* est bien jeune encore, en comparaison des deux précédentes: la période des *civilisations fluviales* et celle des *civilisations méditerranéennes;* mais l'on pourrait déjà y établir une importante subdivision. En effet, depuis le commencement des temps modernes jusque vers le milieu du siècle actuel, des cinq océans qui baignent la surface de notre planète, l'Atlantique seul semblait jouir du privilège de servir de théâtre par excellence aux progrès de la civilisation. Il n'en est plus de même, depuis une trentaine d'années. D'un côté, les progrès rapides de la Californie et de la colonisation anglaise en Australie, d'un autre côté, l'ouverture de la Chine et du Japon au trafic international, le développement considérable de l'émigration chinoise et l'avancement des Russes jusqu'en Mandchourie, aux portes mêmes de la Corée, ont déjà définitivement annexé l'océan Pacifique, à son tour, au domaine du monde civilisé.

Cependant je ne proposerais pas de donner à cette nouvelle et dernière subdivision géographique de l'histoire universelle le nom de période du Pacifique, car elle exprimerait mal, à mon avis, l'important mouvement qui vient de s'accentuer. D'abord, la conquête du Pacifique à la civilisation n'a pas détrôné l'océan Atlantique, comme celui-ci avait détrôné jadis sa rivale la Méditerranée par le coup mortel que la découverte de l'Amérique avait porté à la prospérité des oligarchies italiennes. Ensuite, l'océan Indien acquiert aussi, de jour en jour, une importance croissante; et les récents voyages de E. Nordenskiöld au nord de la Sibérie semblent avoir démontré péremptoirement que l'Océan Glacial boréal n'est pas, au point de vue du trafic et de la civilisation, d'une non-valeur aussi absolue qu'on le supposait. Et qui sait ce qu'un avenir plus ou moins éloigné réserve à l'unique des cinq océans resté jusqu'à ce jour en dehors du grand mouvement universel, à l'Océan Glacial antarctique? Il me semble plus conforme à la réalité et moins compromettant pour l'avenir d'admettre que la civilisation moderne tend manifestement à se donner pour théâtre le monde entier.

Ainsi, cette migration, si désordonnée et si capricieuse, en apparence, de la civilisation, dans les différentes époques, d'un pays vers l'autre; cette valeur historique des divers milieux géographiques si variable avec le temps, présentent en réalité un caractère remarquable d'ordre et de régularité. Le milieu géographique de la civilisation et de l'histoire évolue avec le temps: limité au début à une certaine partie du bassin de quelques grands fleuves exceptionnels, à un moment donné il devient méditerranéen, puis océanique ou, plus particulièrement atlantique, avant de s'universaliser.

Le tableau suivant fera ressortir avec plus d'évidence ce lien intime qui rattache chacune des grandes phases ou périodes de l'histoire universelle à un ensemble de conditions topographiques déterminé:

I. — *Temps anciens* qui comprennent les histoires des quatre grandes civilisations, en Egypte, en Mésopotamie, dans l'Inde et en Chine, ayant eu pour milieu des régions arrosées par certains fleuves ou couples de fleuves célèbres. Ces quatre histoires isolées ne sont pas synchroniques: le groupe oriental (la Chine et l'Inde) présente, dès le début, un retard considérable sur les deux civilisations occidentales (l'Egypte et l'Assyro-Babylonie). Dans les subdivisions chronologiques qui vont suivre, nous avons exclusivement en vue ce groupe occidental, plus précoce, et qui, grâce à la Méditerranée, a exercé sur les destinées de l'Europe et par conséquent, sur celles du monde entier, une influence beaucoup plus directe et plus puissante.

Les temps anciens se subdivisent comme suit:

1° *Epoque des histoires des peuples isolés* qui, en Occident, est close vers le XVIIIe siècle avant Jésus-Christ.

2° *Epoque des premiers contacts des peuples historiques,* depuis les premières guerres de l'Egypte et de l'Assyro-Babylonie jusqu'à l'avènement des fédérations phéniciennes (vers l'an 800 avant Jésus-Christ, date présumée de la fondation de Carthage.) — Cette époque a pour théâtre la région entre le golfe Persique et le littoral oriental et sud-oriental de la Méditerranée.

II. — *Temps moyens* ou période méditerranéenne, qui comprend près de vingt-cinq siècles, depuis la fondation de Carthage jusqu'à Charles-Quint, et qui se subdivise ainsi:

1° *Epoque de la Méditerranée,* qui comprend les républiques oligarchiques: phéniciennes, carthaginoises, grecques et italiennes, ainsi que l'empire romain jusqu'à Constantin.

2° *Epoque des méditerranées,* qui débute par la fondation de Byzance à l'entrée de la mer Noire et qui embrasse tout le moyen âge.

III. — *Temps modernes* caractérisés à notre point de vue géographique par la prépondérance marquée des Etats océaniques. Cette période se subdivise à son tour en:

1° *Epoque atlantique,* durant jusqu'à la «fièvre d'or» en Californie, aux progrès de la colonisation anglaise en Australie, à la conquête russe des bords de l'Amour et à l'ouverture de la Chine et du Japon.

2° *Epoque universelle,* qui en est encore à son début.

Le Territoire des Civilisations fluviales à vol d'oiseau.

Conditions thermiques des premières civilisations historiques. — L'Orient et l'Occident. — L'ascendant que l'Occident prend sur l'Orient depuis l'antiquité s'explique par des avantages géographiques naturels. — La zone des mers desséchées, **han-haï.** *— Le territoire des civilisations anciennes dans toutes ses parties ne pouvait être habité que par des multitudes solidaires, rigoureusement disciplinées, la nature particulière de ses fleuves a imposé à ses habitants le joug du despotisme sous peine d'extermination.*

La partie de l'Ancien Continent où s'est déroulée la période primaire ou fluviale de l'histoire universelle forme un tout concret, mais ne répondant à aucune des divisions géographiques usuelles. Trois d'entre les civilisations antiques ont eu pour théâtre le sol asiatique. La plus vaste section de l'Asie est restée cependant, jusqu'à ce jour, en dehors du grand mouvement; et, d'un autre côté, l'Egypte qui, dans l'état actuel de nos connaissances, peut être considérée comme le berceau de la civilisation la plus ancienne, appartient à une autre partie du monde.[1]

Dans sa section asiatique, le théâtre des grandes civilisations fluviales est limité, au nord, par le rebord méridional de l'immense «diaphragme» de montagnes élevées et de hauts plateaux qui s'étend, depuis l'Archipel, jusqu'à la Mandchourie et à la mer du Japon. Cette barrière naturelle forme une courbe accidentée dont la directrice peut être représentée plus ou moins exactement par le 40e degré de latitude boréale. La limite méridionale extrême qu'aucune de ces civilisations n'a franchie, dans la période fluviale du moins, est marquée par le tropique du Cancer. Ainsi, le terri-

[1] Les auteurs classiques considéraient, il est vrai, l'Egypte comme faisant partie de l'Asie, mais ils attribuaient à cette dénomination d'Asie une signification différente de celle qu'elle a dans notre nomenclature géographique.

toire en question forme un vaste quadrilatère qui ne dépasse pas en latitude 16 ½ degrés; tandis que, dans le sens des méridiens, il s'étend de la chaîne libyque à l'ouest de la vallée du Nil jusqu'à la mer Jaune, c'est-à-dire du 25ᵉ degré environ au 120ᵉ de longitude orientale de Paris. Le 30ᵉ parallèle forme comme un axe médian qui côtoie ou qui traverse chacune des quatre régions distinctes de cet immense territoire. Trois d'entre ces foyers: l'Egypte, l'Assyro-Babylonie et l'Inde védique, sont renfermés entièrement entre les isothermes moyennes annuelles de + 20 et de + 25 degrés, tandis que tout le territoire de la civilisation chinoise confine, par sa partie méridionale, à la première de ces isothermes; mais, au nord, il dépasse l'isotherme de + 15 degrés. On le voit, la civilisation peut être assimilée à ces plantes peu sensibles qui prospèrent dans les conditions thermiques les plus variées et que l'on rencontre dans des climats différant entre eux de 10 degrés de température moyenne annuelle.

Ce quadrilatère allongé, dont l'étendue de l'est à l'ouest égale dix-sept fois la hauteur du nord au sud, est coupé en deux moitiés inégales par une ligne qui, par environ 65 degrés de longitude est de Paris, en partant du massif du Hindou-Kouch, se dirige au sud vers le golfe de Katch, et longe la crête la plus élevée des chaînes parallèles connues sous le nom de «Montagnes de Salomon» ou du Souleïman-dagh. Ce rempart élevé par la nature entre les civilisations de l'Extrême Orient et celles de l'*Asie* des auteurs grecs est, — comme j'ai déjà eu l'occasion de le faire observer ailleurs, — l'un des plus isolants entre tous ceux qui existent à la surface du Globe. «Les diverses chaînes, grès ou calcaires, sont presque uniformément parallèles: alignées du nord au sud ou du nord-est au sud-ouest, elles ont toutes leur longue pente regardant vers le plateau (de l'Iran), tandis que du côté de l'Inde les escarpements sont abrupts. En maints endroits, il est impossible d'en tenter l'escalade...»[1]

Cette disposition particulière des montagnes entre l'Indoustan et l'Iran ne coupe pas seulement le vaste quadrilatère des civilisations fluviales en deux parties distinctes: l'Occident et l'Orient; mais elle favorise aussi l'invasion du bassin indo-

[1] Elisée Reclus, *Nouvelle Géographie universelle*, t. IX.

gangétique par des conquérants venus de l'ouest ou du nord-ouest, tout en condamnant l'Hindoustan à la réclusion. «Prenez n'importe à quelle époque l'histoire générale des peuples occidentaux, dit avec raison un savant anglais,[1] et vous verrez que la question capitale y est toujours celle de la possession de l'Inde.» Par contre jamais, si ce n'est aux temps les plus ardents du prosélytisme bouddhique, nous ne voyons l'Inde prendre elle-même l'initiative de son extension vers l'Occident...» — Mais je continue la citation.

« Le groupe le plus fameux est celui auquel on donne spécialement le nom de *Trône de Salomon* (Takht-i-Souleïman)... Le sommet du nord, qui est aussi le plus haut (3,444 mètres), est une de ces nombreuses cimes sur lesquelles se serait arrêtée l'arche de Noé; une niche pratiquée dans le rocher, près d'un groupe de rochers considéré comme un temple, est un *trône* ou s'asseyait Salomon pour contempler l'immense abîme du monde.» — En effet, un Titan au regard aquilin que nous supposerions monté sur ce «trône,» pourrait contempler, en même temps à sa droite et à sa gauche, les deux mondes historiques si distincts par le fond et par la forme: l'Orient et l'Occident.

Dans la partie la plus élevée du massif, à l'ouest du Hindou-Kouch, la rivière de Koundouz, descendant du mont Koh-i-Baba (la montagne du Père), élevé de près de 5,500 mètres, pour se jeter dans l'Oxus (Amou-daria) non loin de l'ancienne capitale de la Bactriane (Bactres, appelée Balkh actuellement), a creusé un défilé long et tortueux, célèbre dans l'histoire sous le nom de Banian; tandis qu'au sud du Caucase indien, la vallée de la rivière de Kaboul (le Kephen ou le Kophès) vient presque rejoindre la première de ces brèches naturelles et offre plusieurs passages plus ou moins faciles vers l'Indus. « Le plus fameux de ces passages, le Khaïber, évitant les gorges de la rivière, serpente au sud, puis à l'ouest du mont Tantara (2,072 mètres)... Les missionnaires bouddhistes suivirent ce chemin, que prirent ensuite Mahmoud le Ghaznévide, Baber Mirza (le Grand Mogol), Akbar, Nadir, Ahmed chah et les généraux anglais. Le col que prit Alexandre et que paraissent avoir suivi les premiers

[1] Winwood Reade, *The Martyrdom of Man.*

conquérants de l'Inde est un de ceux qui passent au nord de la rivière de Kaboul, dans le pays des Youzouf-zaï.» — Aujourd'hui, un chemin de fer anglais de Lahore à Rawal-Pindi, par Attok, rejoint la rivière de Kaboul à l'entrée même du défilé, près de Pechaver. — Plus au sud, les défilés qui rongent les contreforts méridionaux du Trône de Salomon ouvrent aussi un accès relativement facile de Kandahar vers la vallée de l'Indus, par le col de Bolan. Un autre chemin de fer également anglais, partant de Chikarpour, traverse le petit désert de Katch-i-Gondava, à l'ouest de l'Indus, et gravit déjà une partie de la pente. Un historien arabe du commencement du XVIIme siècle appréciait à peu près à sa juste valeur ces tortueux défilés, qui sont comme des vases capillaires de la circulation vitale entre l'Orient et l'Occident. Aussi depuis la plus haute antiquité, sont-ils considérés comme les *portes* ou les *clés* de l'Inde, l'une y donnant entrée du Touran, l'autre de l'Iran. C'est la possession de ces clés que se sont toujours disputée tous les fondateurs d'un empire universel dominant l'est et l'ouest de l'ancien continent. Mais toutes ces luttes acharnées appartiennent à une époque postérieure de l'histoire; aux temps des formations historiques primaires ou des grandes civilisations fluviales, l'Orient et l'Occident constituaient, grâce à la barrière naturelle qui vient d'être décrite, deux véritables mondes à part, dont chacun eut, pendant longtemps, ses destinées propres, et qui doivent par conséquent être étudiés séparément.

Les deux vastes moitiés du monde des grandes despoties fluviales, à l'est et à l'ouest des monts Salomon, ne manquent pas d'analogie dans leur configuration géographique. Chaque partie se compose de deux zones distinctes, de deux régions nettement caractérisées, on dirait presque de deux îles séparées, ayant joué leur rôle particulier dans l'histoire : d'un côté, la Chine et l'Inde; la région tigro-euphratique avec son appendice naturel de l'Iran, et l'Egypte, de l'autre côté. Dans les deux, l'îlot oriental : la Chine et l'Assyro-Babylonie, se trouve au nord de l'autre, l'Inde et l'Egypte, et jouit par conséquent d'un climat plus tempéré ou souffre d'un climat plus froid. En d'autres termes, l'extrême Orient et le monde occidental ont chacun leur centre de civilisation chaud, au sud du 30e parallèle, et leur centre froid, au nord de ce même parallèle. On ne saurait affirmer que les deux civilisations torrides — l'Inde et l'Egypte — furent les plus précoces; mais il est certain qu'en Orient comme en Occident elles furent les premières à s'éclipser. Des deux côtés du Souleïman-dagh, les foyers torrides présentent aussi, en comparaison des deux foyers tempérés, un caractère d'isolement physique beaucoup plus prononcé; l'Egypte est une oasis au milieu d'un vaste désert, et l'Inde un triangle que la plus haute chaîne de montagnes du monde sépare du reste de l'Asie; tandis que la Chine primitive ainsi que la Mésopotamie se déversent, pour ainsi dire, dans d'autres régions naturelles qu'elles finissent par s'incorporer.

Mais il y a aussi, entre l'Orient et l'Occident, des dissemblances naturelles non moins nombreuses et intéressantes à noter. Ainsi, dans le monde occidental, la différence isothermique entre l'Egypte et la Mésopotamie moyenne n'est pas de 4 degrés; elle est de 10 degrés environ entre le Pendjab et le bassin des fleuves historiques de l'Empire Chinois; les contrastes sont donc beaucoup plus marqués en Orient. L'isolement est aussi beaucoup plus complet entre les domaines respectifs des deux civilisations orientales. La Chine est séparée de l'Inde par cet inaccessible massif qui se greffe sur le Tibet et l'Himalaya, à l'est et au nord-ouest, et que sillonnent les cours parallèles des confluents du Yangtze kiang, du Mekong, du Menam et du Salouen. Dans le monde occidental, la région tigro-euphratienne, nettement séparée de l'Inde par le Souleïman-dagh (percé cependant par les étroites *portes de l'Inde* qui ont été décrites plus haut), se rattache au bassin nilotique par la Syrie et la presqu'île sinaïtique, tout en se confondant presque avec l'Europe par l'Asie Mineure et les îles de la mer Egée. Aussi, déjà à l'époque des Hycsos, antérieurement peut-être,[1] mais au moins vingt siècles avant la naissance de Jésus-Christ, un rapprochement

[1] V. Hommel, *Die vorsemitischen Culturen in Aegypten und Vorderasien;* aussi J. Dümichen, *L'Histoire de l'Egypte,* 1re livr., dans la belle collection de W. Oncken, *Weltgeschichte in Einzeldarstellungen,* et tout ce qui a été dit de l'isolement relatif de l'Egypte pharaonique, au chapitre des « Grandes divisions historiques » de ce cours.

direct est déjà historiquement constatable, entre l'Egypte et le monde sémitique de l'Asie antérieure et de la Mésopotamie. L'Inde et la Chine, au contraire, s'ignorent jusqu'aux temps, relativement modernes, de la propagande bouddhique. Lorsqu'elles sortent enfin de leur isolement mutuel, leur rencontre a lieu sur un terrain étranger, dans cette région sud-orientale, birmane, siamoise, malaise, annamite, qui a emprunté sa religion et son art en grande partie à l'Inde aryenne, et qui doit ses institutions politiques et son développement littéraire à l'empire Chinois. Cette région mérite donc bien, à cet égard, sa dénomination d'Indo-Chine.

Nous pouvons juger de la puissance naturelle de la barrière créée par la nature entre le bassin du Gange et celui des fleuves historiques du Céleste Empire par ce seul fait que, dans ce massif montagneux qui est l'un des moins explorés du monde entier, se trouvent encore aujourd'hui, entre deux civilisations plusieurs fois millénaires, des populations les plus réfractaires à toute culture historique : Laos et Michemi, Loutzé, Mantzé, Papé[1] et tant d'autres encore, d'origine et de nature probablement très hétérogènes.

Les eaux qui baignent des deux côtés la presqu'île de l'Hindoustan ne pouvaient qu'accentuer plus encore son caractère d'isolement naturel. Le golfe de Bengale compte au nombre des mers les moins hospitalières par ses cyclones, par la violence et la variabilité capricieuse de ses courants et par les bas-fonds nombreux de sa partie septentrionale. Du côté du Malabar, les courants sont moins redoutables; toutefois, lorsqu'ils sont irrités par un vent contraire, ils produisent des tourbillons dangereux, et les vagues de cette mer sont si peu *maniables* que les marins du littoral se voient obligés de se servir d'embarcations d'un genre tout particulier, munies d'un contre-poids flottant, qui les empêche de chavirer, mais qui aussi les rend essentiellement impropres à la navigation au long cours. Le nom de Bab-el-Mandeb — porte de la perdition ou de celui qui va à la mort — donné au détroit qui, de la mer Rouge conduit vers l'Océan Indien,

[1] Ces noms ne sont pour la plupart que des sobriquets injurieux d'invention chinoise et sans valeur ethnographique tant soit peu déterminée.

témoigne de l'horreur que ces eaux inspiraient aux Arabes du moyen âge, qui étaient cependant des navigateurs bien plus hardis et plus habiles que les descendants des pâtres védiques. Les mers qui baignent le bloc oriental du territoire des grandes despoties fluviales ne présentent point de ces chaînes interminables d'îles et de promontoires qui, dans la mer Egée africo-européenne, avaient conduit les explorateurs phéniciens de proche en proche, depuis le littoral syrien jusqu'en Espagne, en ne leur ouvrant le vaste Océan qu'après les avoir aguerris à la vie navale par un long apprentissage de navigation méditerranéenne.

Ces traits généraux du relief du territoire des anciennes civilisations, notamment l'existence de puissantes barrières isolantes entre ces quatre divisions naturelles, expliquent suffisamment, me semble-t-il, ce manque de synchronisme dans l'histoire des grands peuples de l'antiquité que nous avons déjà constaté. Alors même qu'il serait démontré que ces quatre grandes civilisations ne sont pas nées spontanément dans chacune des régions où nous les voyons confinées au début de leur histoire monumentale et documentale, mais qu'elles ont puisé à une source commune, qu'Egyptiens et Chaldéens, Indiens et Chinois, ont allumé leur flambeau à un foyer unique qui nous est resté inconnu, il n'en serait pas moins évident que la période d'incubation a été de durée inégale dans chaque pays, et que l'évolution consécutive a marché plus ou moins rapidement suivant les lieux. L'Egypte, au commencement du quatrième millénium avant Jésus-Christ, possédait des monuments (le temple archaïque découvert par M. Mariette et le sphinx de Giseh) qui étaient déjà des antiquités pour les contemporains du fondateur de Memphis et qui avaient besoin de restauration sous les premiers Pharaons de l'Ancien Empire. En Chaldée nous ne trouvons pas, il est vrai, de monuments aussi anciens, mais les progrès de l'assyriologie moderne tendent à reculer de plus en plus la date de l'origine des premières civilisations du bas Euphrate. — En Chine, au contraire, les réminiscences les plus éloignées ne remontent guère au delà de vingt-deux ou vingt-trois siècles de l'ère ancienne, d'après les supputations très suspectes d'exagération des annales dynastiques du Céleste Empire.[1] Au sujet des origines de la civilisation aryenne du Pendjab, l'incertitude est plus grande encore, mais le code de Manou, qui ne date que du IXe siècle avant J.-C., nous dépeint un état social presque aussi archaïque à plus d'un égard que celui de l'Egypte sous les Pharaons des premières dynasties memphites. — Ainsi, dès le début, l'Orient nous présente déjà un retard considérable sur l'Occident, et cette différence résultant du relief et de la configuration du sol dans les diverses parties du territoire des anciennes civilisations, ne s'est pas encore nivelée jusqu'à ce jour.

Aussi loin que nous pouvons suivre dans l'histoire les relations commerciales de l'Inde avec les autres pays civilisés de l'antiquité, l'initiative de ces rapports a toujours appartenu aux peuples occidentaux. Ce furent plus particulièrement les Phéniciens qui, dans le courant du Xe siècle avant Jésus-Christ, s'aventuraient déjà dans les mers peu hospitalières de l'extrême Orient, pour le compte des Pharaons égyptiens, et, parfois, sous les auspices des rois de la Judée. Le chapitre IX du *Livre des Rois* contient des détails intéressants sur la flotte que Salomon équipa « à Asiongaber, qui est près d'Elath sur le rivage de la mer Rouge, au pays d'Idoumée. Hiram envoya de ses gens avec cette flotte, c'étaient de bons hommes de mer, et qui entendaient fort bien la navigation. Ils se joignirent aux marins de Salomon. — Etant allés en Ophir, ils en rapportèrent 420 talents d'or au roi Salomon.» Au chapitre X, nous apprenons qu'une fois par exception, la flotte de Hiram qui apportait l'or d'Ophir, apporta aussi une quantité de pierres précieuses et de bois odorant. « Le roi fit faire de ces bois odorants les balustrades du temple et des lyres pour les musiciens. On n'apporta plus et on ne vit jamais de cette sorte de bois depuis ce jour.» Cependant, ces expéditions phéniciennes, patronnées par Salomon et le roi de Hiram avaient un caractère régulier. « La flotte, est-il dit dans ce même chapitre du *Livre des Rois*, faisait voile de trois ans

[1] Les travaux hydrologiques de Yu dans le bassin du moyen Hoang ho, relatés dans le *Chou-king* liv. II, ch. Ier, § 2 auraient eu lieu dans la 61e année du règne de Yao, c'est-à-dire en l'an 2297 avant J.-C., d'après le *Si-taï Ki-sze*.

en trois ans, et allait en Tharsis, où elle prenait de l'or, de l'argent, des dents d'éléphants, des singes et des paons.» Le *Livre des Paralipomènes* nomme aussi Asiongaber comme le port par excellence où se formaient ces expéditions. On a beaucoup discuté sur la situation géographique de ce mystérieux *Ophir* d'où les rois d'Israël, par l'intermédiaire des navigateurs phéniciens, retiraient ces prodigieuses richesses; quelques géographes éminents ont émis l'opinion que l'*Ophir* devrait être cherché en Afrique; d'autres, plus nombreux, le placent cependant en Asie. Il ne me paraît pas impossible que ces flottes partant d'Asiongaber eussent fait escale sur quelque point du littoral africain, d'où elles tiraient les dents d'éléphants, mais l'or et l'argent qu'elles rapportaient en si grande quantité ne pouvaient certes provenir que des luxueux royaumes de l'Indo-Chine. Le curieux détail relatif au bois odorant qu'on ne vit qu'une seule fois, fait songer au bois de sandal qui croît seulement dans quelques îles de l'Océanie.[1] Les hardis navigateurs de notre Méditerranée ont-ils poussé une fois, exceptionnellement, leur course jusqu'à ces parages si prodigieusement éloignés? — On ne saurait l'affirmer, car ils auraient pu se procurer ce bois dans quelque port de mer du royaume de Siam ou de Cambodge des navigateurs malais. Ceux-ci n'ont pas été surnommés en vain les «Phéniciens de l'Océan Indien et de la mer du Sud;» car ils furent les seuls à entretenir des rapports entre l'Inde et les pays océaniens.

Ce que je tiens à faire ressortir, c'est ce rôle inerte et passif que l'Inde joue dans l'histoire depuis un temps immémorial. Il correspond exactement à la situation désavantageuse que l'Indoustan occupe sur le territoire des grandes civilisations fluviales, tandis que les navigateurs phéniciens, grâce à la situation de leur pays entre l'Egypte et la Mésopotamie, grâce surtout à l'apprentissage de navigation qu'ils ont fait dans les eaux de la Méditerranée, font preuve, déjà à cette époque reculée, d'une puissance d'expansion remarquable. Cet ascendant que l'Occident historique, par sa configuration naturelle, prend de si bonne heure sur les pays de l'Extrême Orient, ne sera

[1] *Mémoire sur le Périple d'Hanon*, par Aug. Ner, capitaine de vaisseau.

plus jamais perdu. Les Grecs, qui furent, sous tous les rapports, les premiers émules des Phéniciens, ont appris de leurs prédécesseurs, entre autres routes maritimes, celle des eaux périlleuses de l'Océan Indien et des mers de Chine. L'étude du périple anonyme du 1er siècle de l'ère chrétienne a permis au colonel Yule[1] de tracer avec quelque exactitude la route que suivaient les navigateurs grecs sous les premiers Césars, de la mère Erythrée jusqu'à la mer de *Tsin,* et un siècle plus tard, Claude Ptolémée distingua nettement ce pays de *Tsin* ou *Sinae* c'est-à-dire la Chine que l'on atteint par mer — du pays des *Serès,* c'est-à-dire de cette même Chine qui envoyait à l'empire romain ses soies et ses étoffes par la voie continentale de la Bactriane.

Tandis que l'expansion de l'Occident historique vers l'Orient retardataire se laisse suivre ainsi jusqu'au début même de la période méditerranéenne, les deux foyers de la civilisation orientale, l'Inde et la Chine, malgré leur situation limitrophe, semblent s'ignorer mutuellement pendant de longs siècles. Tout ce qui se rapporte aux prétendus voyages dans l'Indoustan du grand idéaliste chinois Lao-tsé n'a qu'une valeur hypothétique et légendaire. S'ils ont eu lieu réellement, ces voyages sont bien loin de présenter ce caractère de permanence et de rapports réguliers que nous avons constaté aux expéditions maritimes des Phéniciens vers l'extrême Orient. Les Chinois ne commencent à compter dans l'histoire universelle du genre humain que depuis l'absorption de leur empire par la royauté des Tsin, à la fin du IIIe siècle de l'ère ancienne. Alors, ils ne se dirigent pas vers l'Inde, mais vers la Sogdiane et le pays de *Ta-Van* (la Bactriane) par la vallée du Tarim, en contournant le Toit du Monde, le Pamir, par le nord-est; on dirait qu'en entrant dans l'histoire par cette voie de l'Asie centrale, ils affirment, dès le début, leur caractère de nation continentale par excellence. Depuis les conquêtes de Ou-ti, de 186 à 140 avant Jésus-Christ, et l'expédition militaire de Tchang-kieñ, leur commerce avec le Ta-Van se développe rapidement. Des caravanes chinoises, dont quelques-unes se composaient de plusieurs centaines de personnes se rendaient directement des bords du Tarim à

[1] *Procedings of the R. Geographical Society, 1882.*

ceux du Sîr-Daria.[1] M. Bretschneider[2] croit que les Chinois doivent à ce commerce avec les peuples occidentaux la connaissance d'un grand nombre de plantes utiles, dont quelques-unes jouent, actuellement encore, un rôle important dans leur économie nationale. Les légendes chinoises nous apprennent notamment que le mûrier et le ver à soie leur viennent du Turkestan. Or, c'est précisément comme *Serici,* comme peuple séricicole par excellence que, sous les premiers Césars, ils apparaissent activement pour la première fois dans l'empire méditerranéen. — Ce rôle extraordinaire des Chinois, qui entrent par voie de terre dans la période méditerranéenne de leur histoire, est dû à la situation tout à fait exceptionnelle de leur pays, à l'extrême est du territoire des grandes despoties fluviales, sur les bords de l'insondable abîme de l'Océan Pacifique.

La barrière qui sépare le territoire des premières civilisations historiques du reste de l'Ancien continent nous apparaît comme doublée, au nord, d'une vaste zone extrêmement caractéristique et dont on ne trouve pas la pareille dans nulle autre partie du Globe. Depuis l'énorme massif du Pamir et du Hindou-Kouch, une plaine élevée de forme triangulaire, encaissée entre l'Himalaya et les monts Célestes: le Tiañ-Chañ, Tengri-Chañ — avec leurs prolongements orientaux — Ala-tao, Tarbagataï, Altaï, Sayan, etc. — s'étend sur 40 degrés longitudinaux, de l'ouest à l'est, jusqu'à la chaîne perpendiculaire du Khingan qui le sépare des collines boisées de la Mandchourie. D'autres chaînes élevées, orientées également du sud-ouest au nord-est (direction que R. Pumpelly et T. Richthofen reconnaissent comme caractéristique du système *sinique*), partant du Hindou-Kouch auquel elles se rattachent par le gigantesque massif de la Muraille Noire — le Kara-Korum — divisent cette plaine immense en deux régions distinctes, dont la méridionale, le

[1] Terrien de la Couperie; Vassiliev, *Histoire de la littérature chinoise* (en russe).

[2] *On the study and value of chinese botanical works.*

Tibet,[1] est beaucoup plus élevée que la septentrionale. Ces chaînes sont le Kouën-louñ avec son appendice de l'Altîn-dagh, le Nañ-chañ et le Bayan-Kara, enfin les monts des Ordos qui se rattachent à la barrière perpendiculaire du Khingan par cette chaîne à l'ouest de Peking qui est couronnée de la Grande Muraille. Partagée politiquement entre le Turkestan chinois, la Mongolie et la Dzoungarie, cette énorme plaine forme cependant un tout géographique des plus caractérisé; c'est l'Asie centrale dans le vrai sens du mot.[2]

Comme le Sahara africain, la haute plaine de l'Asie centrale est loin d'être un désert sur toute son immense étendue, mais des déserts salants et sablonneux s'y échelonnent, par intervalles, formant comme des tonsures ou des calvities au milieu de cette chevelure d'herbes touffues que broutent, depuis les temps préhistoriques, les nombreux troupeaux des Touraniens nomades, mongols et turco-tatars de toutes les dénominations. Vers l'ouest, dans le Turkestan, ces îles arides sont peu nombreuses et, relativement, de peu d'étendue, — comme les sables de Takla-makan entre la rivière Tarîm et la chaîne de l'Altîn-dagh; à l'est, dans le Gobi ou la section mongole, elles se multiplient et forment de véritables *chamo* ou «mers de sables.» Les Chinois ont bien deviné la nature géologique de ces déserts sablonneux lorsqu'ils leur appliquèrent la qualification de Hañ-haï ou mers desséchées, car ce sont réellement des fonds mis à nu d'anciennes mers.

Entourée et sillonnée de hautes montagnes aux sommets couverts de neige et de glaciers, aux pentes abruptes, l'Asie centrale est beaucoup plus riche en eaux que le Sahara africain. Sur les cartes, nous y voyons figurer des lacs sans nombre dont quelques-uns — le Balkhach, le lac Bleu ou Koukou nor, le Lac Céleste ou Tengri nor, le Kosso göl, l'Issîk koul, etc... — sont de dimensions considérables. En réalité, un grand nombre de ces lacs ne sont que des mares d'eau stag-

[1] Le Tibet, Bod-yul, est divisé à son tour en deux parties géographiquement distinctes par la chaîne de Toung-la; la moitié occidentale forme un haut plateau; à l'est du Toung-la, se dresse la région des hautes montagnes.

[2] V. V. Richthofen, *China*, vol. I.

nante à l'étendue variable, aux contours indéterminés,[1] présentant ce curieux phénomène de dessèchement progressif, parfois assez rapide, que j'ai déjà mentionné. Partout où le permettent la déclivité et la nature imperméable du sol surgissent de grandes rivières, aux rives plus ou moins fertiles, comme le Tarîm, dont le cours n'a pas moins de 2,000 kilomètres de développement, mais qui ne parviennent pas à se frayer un chemin jusqu'à la mer. Ce bassin des fleuves sans écoulement vers la mer, remarquable par ses grandes dimensions, ne se borne pas seulement au haut plateau de l'Asie centrale dans le sens géographique du terme, tel que F. Richthofen l'a si bien défini. Les eaux qui descendent des pentes septentrionales et nord-occidentales de l'éperon du Hindou-Kouch, du Pamir et du Tiañ chañ se réunissent pour former deux fleuves célèbres depuis la plus haute antiquité, l'Oxus (Amou-daria) et le Yaxarte (Sîr-daria). Aussitôt que ces cours d'eau ont perdu leur caractère de torrents de montagne, ils arrivent au lit de cette autre mer desséchée qui, à l'époque tertiaire, séparait la Russie de la Sibérie. Arrivées à cet endroit, leurs eaux sont ralenties dans leurs cours par le peu de déclivité du sol. Fortement absorbées par les sables du désert, elles changent de direction de siècle en siècle sans parvenir à s'épancher dans une vraie mer. Anciennement, elles atteignaient à la Caspienne; mais depuis plusieurs siècles, elles s'arrêtent au lac Aral.

L'Asie centrale, telle qu'elle vient d'être décrite, avec son annexe de la Transoxiane, forme-t-elle une partie intégrante du territoire des civilisations primaires ou fluviales? — La question n'est pas facile à résoudre, et à certains égards, on pourrait lui appliquer l'épithète de «région des grandes barbaries historiques.» En effet, tout en bordant, au nord, le domaine des civilisations les plus glorieuses et les plus anciennes, tout en empiétant même incontestablement sur cette zone par la Sogdiane et la Bactriane, elle n'en est pas moins restée jusqu'à ce jour, le domaine par excellence de la vie pastorale et nomade. Les cavaliers, Mongols et Turkmènes, firent plus d'une incursion mémorable dans les annales de l'histoire, depuis les temps les plus reculés; mais leur

[1] Prjévalsky, *Voyage au Lob nor.*

brusque intervention dans les destinées des peuples civilisés, sous Attila, sous Djenghiz khan ou sous Tamerlan, aux temps obscurs des migrations préhistoriques comme au siècle actuel, ont toujours présenté un caractère de razzias barbares, de cataclysmes sporadiques et terribles. Cependant, à une époque indéterminée, mais antérieure aux origines de la civilisation aryenne dans le Pendjab, la région entre le Hindou-Kouch et la mer Caspienne possédait son centre ou foyer de civilisation distincte de ces quatre grandes despoties fluviales qui se sont épanouies au sud du «diaphragme.» La période primaire de l'histoire de la Bactriane s'est écoulée dans un isolement si parfait qu'elle nous est restée presque entièrement inconnue; c'est là cependant que les Aryas occidentaux, qui n'apparaissent dans l'histoire universelle qu'en pleine période méditerranéenne, firent leur long apprentissage de despotie fluviale; c'est là que naquit cette remarquable religion mazdéenne, dont on attribue l'origine à Zaratouchtra (Zoroastre) et qui, la première, ou plutôt la seule jusqu'à ce jour, bien des siècles avant les stoïciens et les dionysiaques de l'empire romain (y compris les chrétiens) proclama l'égalité des hommes et leur fraternité par le travail pour le bien du monde et de l'humanité. L'Oxus et le Yaxarte ne manquent certes pas de droits imprescriptibles pour compter au nombre des grands fleuves historiques; seulement, comme ces fleuves n'ont pas d'écoulement vers une vraie méditerranée, la civilisation qu'ils ont créée n'a pu se déverser dans le domaine universel que par une voie anormale, en se greffant en quelque sorte sur la puissante civilisation mésopotamienne. En effet, les Aryas occidentaux (par rapport à leurs congénères védiques de l'Inde) ne commencent à compter dans l'histoire générale des peuples que tout au plus depuis le milieu du VIIe siècle de l'ère ancienne, lorsque le premier contingent des immigrants de la Bactriane arriva dans la région du mont Zagros, conduit par Ourakchatara (le Xyadarès des auteurs classiques), fondateur de l'empire dont la capitale fut à Ecbatane. Ce ne fut que l'avant-garde d'autres invasions consécutives, et les derniers venus, les Perses mazdéens, ne tardèrent pas à se rendre maîtres du monde assyro-chaldéen et exercèrent une influence décisive sur les destinées du monde et de l'Europe.

L'avènement des Iraniens, Mèdes et Perses, inaugure peut-être une ère nouvelle dans l'histoire générale de l'Occident;[1] mais il n'ajoute certainement pas de domaine nouveau au territoire des anciennes civilisations. Géographiquement, l'Iran n'est qu'un couloir, un passage étroit de la Bactriane à la Mésopotamie.[2] Son rôle historique a été identique à sa nature; les Iraniens ne s'y sont pas arrêtés longtemps dans leur marche vers la Susiane et Babylone.

Le bassin de l'Oxus et du Yaxarte forme, nous l'avons vu, une région géographique distincte de l'Asie centrale proprement dite, dont le Tibet est une annexe naturelle. Cet énorme plateau élevé, sillonné par des chaînes de montagnes gigantesques, ne possède point de fleuves historiques, la despotie lamaïte qui s'y est formée, dans le bassin du Yalou-tsangbo compte pour peu jusqu'à ce jour dans les annales communes de l'humanité et ne pourrait sans doute être considérée au nombre des grandes formations historiques primaires. Dans mon aperçu à vol d'oiseau du vaste territoire de ces premières sédimentations historiques, j'ai été obligé cependant de consacrer quelques mots à cette terre classique de la vie nomade, pour une raison qui doit paraître paradoxale au premier mot, c'est que cette région ultra-continentale a joué bien réellement, dans l'histoire universelle, le rôle d'une méditerranée, et de la plus ingrate des méditerranées. Nous avons vu, en effet, que c'est par cette voie aride que la Chine entra en premier contact avec les peuples occidentaux. Confiné aux dernières limites de l'Ancien Continent, sur les bords du vaste Océan Pacifique dont les mers intérieures sont inhospitalières et mènent dans le vide, séparé de l'Inde sa voisine par un massif de nombreuses chaînes parallèles presque inaccessibles, le Céleste Empire aurait été condamné à un isolement à peu près absolu s'il n'avait pas eu à sa disposition ce débouché peu commode des routes continentales du Tibet et de la Mongolie. Si l'évolution historique en Chine a été si

[1] Il marque surtout un moment important dans l'histoire des races, puisque depuis Cyrus, les Aryas acquièrent une prépondérance marquée dans l'histoire générale de l'Occident. La suprématie leur sera, cependant disputée par les Sémites, pendant de longs siècles encore.

[2] Cf. Elisée Reclus, *Ouvrage cité*, t. IX, chapitre de l'Iran.

lente qu'en comparaison des progrès rapides de l'Occident sémito-aryen elle a souvent été prise pour l'immobilité, pour la stagnation, c'est que, dès le début, son cours normal se dédouble, se dirigeant en partie seulement vers les mers orientales, mais surtout vers cette région réfractaire et ingrate de *Si-yu.*[1] Les Chinois semblent avoir très bien apprécié la valeur historique pour leur civilisation de cette mer intérieure desséchée; dans leur nomenclature officielle, leurs possessions dans l'Asie centrale portent encore le nom caractéristique de routes: de *Tian chan pé lou* et de *Tian chan nan lou.*[2] Il est vrai que nos sinologues ont également traduit par le même mot de « route » le Chinois *tao,* qui signifie voie, couloir, et aussi une grande circonscription administrative, dans ce sens qu'elle représente comme un canal par lequel le pouvoir central se fait sentir jusqu'aux parties les plus éloignées de la capitale. — Mais le *tao* a une signification plus abstraite, plus figurative que le *lou* qui se classe, dans les dictionnaires idéographiques, sous le radical de *pied* et qui contient une allusion beaucoup plus directe à l'acte de marcher.

Après avoir ainsi délimité ce vaste territoire, qui forme comme un continent à part dans l'Ancien Monde et où se produisit le premier éveil de l'humanité à la vie historique, nous sommes naturellement amenés à nous demander à quelle particularité appréciable de sa configuration physique ou de sa situation géographique peut être attribué son privilège d'avoir servi de berceau à l'histoire naissante de l'humanité ?

Notre Globe présente, dans les régions les plus variées, des milieux favorables pour ces premières étapes qui déga-

[1] *Si-yu* est le nom chinois de l'Asie centrale.

[2] *Route au nord des Monts Célestes* et *Route au sud des Monts Célestes.*

gent l'homme de l'animalité. L'archéologie préhistorique, cette science née d'hier, nous a déjà montré, dans tous les pays explorés, des restes authentiques de culture variée, chez des peuples qui n'ont jamais figuré dans l'histoire. A peu près dans tous les pays habitables, des outils plus ou moins ingénieux ont été inventés, puis perfectionnés, des plantes acclimatées, des animaux domestiqués; des ateliers importants pour la fabrication en grand des instruments en pierre, un commerce étendu de matières premières et des produits de cette fabrication doivent avoir existé déjà à l'époque néolithique. Les origines de l'histoire se confondent avec les origines, non pas des inventions utiles, mais du despotisme. Des tribus très nombreuses parfois, parvenues à s'adapter plus ou moins confortablement à leurs milieux respectifs ont vécu, ou vivent encore, sur les points les plus reculés de la terre, puis disparaissent, sans laisser d'autre trace de leur passage dans ce monde que ces outils brisés, ces engins de pêche, de chasse ou de guerre, ces constructions lacustres, etc..., que les archéologues des temps à venir retrouvent avec étonnement dans les profondeurs du sol. Pour laisser un nom dans les annales du genre humain, il faut avoir produit quelque chose qui intéresse ou qui étonne la postérité; et ce n'est certes pas à l'honneur de figurer dans nos manuels historiques que visaient, par exemple, ces paisibles constructeurs des pyramides que les sculptures et les peintures égyptiennes nous montrent s'exténuant de fatigue et de misère sous le bâton des contre-maîtres, pour la plus grande gloire du progrès et de l'histoire. Les savants et les philosophes discutent encore sur la question de savoir si la civilisation, l'histoire, sont un bien ou un mal; mais les vrais créateurs de l'histoire et de la civilisation, les grandes masses populaires, ont toujours considéré cette œuvre comme un mal et ne s'y laissaient contraindre que par un despotisme à outrance, par une coercition effrénée. — Par quelle agence inconnue, mais naturelle et rationnelle, ce territoire unique, que nous venons de passer en revue, a-t-il produit ces glorieuses despoties antiques, qui convertirent en nations historiques les peuplades nombreuses qui l'ont habité et qui, ethnologiquement et anthropologiquement parlant, appartiennent à des races, à des familles les plus variées : Aryas et Sémites, Libyens au teint rosé et Kouchites à la peau plus noire que des nègres : Touraniens, Chinois, Dravidiens, nègres: brachycéphales, dolichocéphales, etc...

Nous ne saurions chercher dans des conditions de climat le secret des destinées historiques si particulièrement glorieuses du territoire des civilisations primaires ; car, nous l'avons déjà vu, les conditions climatiques sont loin d'être les mêmes dans chacune de ces quatre divisions que nous avons passées sommairement en revue. Le climat de la Mésopotamie ressemble bien peu en réalité à celui de la vallée historique du Nil, et, entre le bassin moyen des grands fleuves de la Chine et l'Inde védique, les lignes isothermiques annuelles s'écartent d'à peu près 15 degrés. D'ailleurs, toute l'Afrique méditerranéenne, de la Cyrénaïque au Maroc inclusivement, est comprise entre ces mêmes isothermes de + 25° et de + 20° C. qui limitent la zone des trois principaux foyers de l'évolution historique: l'Egypte, la Mésopotamie et le bassin Indo-gangétique; néanmoins, la modeste chaîne des montagnes dites libyques, à l'ouest de la vallée du Nil, n'en interrompt pas moins brusquement, par environ 25 degrés de longitude orientale de Paris, le territoire de ces despoties antiques. L'Europe, jusqu'à l'Angleterre et à la partie méridionale de l'Irlande, appartient entièrement à la zone isothermique d'entre + 20 degrés et + 10 degrés qui, vingt siècles plus tôt, possédait déjà des foyers historiques primaires en Chine et en Bactriane, et cependant la brillante civilisation européenne n'est pas née spontanément dans ce milieu favorisé, mais a dû être inoculée par des influences assyro-égyptiennes.

Th. Buckle[1] a cru expliquer les différences si multiples et si caractéristiques qui existent entre les civilisations européennes et les grandes despoties orientales anciennes, par cette raison, un peu spécieuse à mon avis, que l'Europe a dû son rôle historique à son climat, tandis que, en Afrique et en Asie, la civilisation a été le produit direct du sol. Pour nous, ces différences se réduisent simplement à ce que les

[1] V. son *Introduction à l'histoire de la civilisation en Angleterre.*

civilisations européennes appartiennent à la phase secondaire ou méditerranéenne de l'évolution historique, dont la phase primaire est résumée par les quatre grandes despoties fluviales. Il est certain que dans les quatre divisions du territoire des civilisations primaires, le sol est d'une fertilité extrême, et que cette condition *sine qua non* de nombreuses agglomérations humaines a bien une certaine importance, au point de vue des origines de l'histoire. L'histoire ne pourrait pas naître dans un milieu où de grandes multitudes d'hommes très peu avancés dans les arts techniques ne trouveraient pas en abondance leur subsistance; mais la fertilité du sol, purement et simplement, ne suffit pas pour expliquer cette prédilection que l'histoire universelle à ses débuts a eu manifestement pour les rives de ces grands fleuves ou de ces couples de fleuves que j'ai si souvent nommés. Ainsi, la Maurétanie ne compte pas au nombre des foyers historiques primaires, mais ce n'est certes pas la fertilité du sol qui lui a fait défaut, puisque ses inépuisables ressources naturelles rehaussées par les avantages de la situation géographique, nous apparaissent sous un jour si éclatant à l'époque carthaginoise et romaine, c'est-à-dire lorsque cette contrée fut une fois entraînée dans le mouvement par une impulsion étrangère, venue de l'est. Dans le bassin du Congo, ce fleuve classique de la barbarie par excellence, l'exubérante fertilité du sol, par endroits, a rendu possible des agglomérations humaines aussi nombreuses que celles des pays les plus civilisés du Globe, mais qui, néanmoins vivent encore en cannibales. En Europe même, la Terre de Labour, les plaines de la Lombardie, les énormes étendues de *terre noire* de la Russie méridionale nourrissent, ont nourri ou pourraient nourrir des populations au moins aussi nombreuses que celles qui pullulent dans les provinces centrales de la Chine.

Sans multiplier ces exemples, je ferai observer que la fertilité plus ou moins exubérante du sol se rencontre dans les parties les plus diverses du Globe. Les vallées riveraines du Rhin, du Danube, du Rhône, en un mot de presque tous les grands fleuves qui ont été archéologiquement explorés dans la zone tempérée, ont servi de théâtre à un mouvement préhistorique des plus remarquables; mais les grands fleuves historiques ne comprennent que les sept déjà nommés. On dirait que, pour franchir ce pas qui sépare la période la plus avancée de la préhistoire de l'âge primordial de l'histoire proprement dite, pour acquérir cette nuance qui distingue les monuments historiques aussi primitifs que le temple archaïque de Giseh des constructions mégalithiques, à moins d'une initiation étrangère, le baptême dans l'eau de certains fleuves est de rigueur, tandis que le Rhin, le Rhône et les autres fleuves et rivières de l'Europe et de l'Asie ne possèdent point les qualités mystérieuses requises.

Le fleuve, dans tous les pays, se présente comme un résumé concret, comme une synthèse de toutes les conditions complexes du climat, du sol, de la configuration orographique du terrain et de sa constitution géologique. Son cours plus ou moins rapide, l'abondance et l'impétuosité de ses eaux dépendent des pluies et des neiges, de l'alternative des saisons, d'innombrables variations climatiques et atmosphériques ; le relief du sol, le plus ou moins d'éloignement de la mer, etc..., déterminent sa longueur et ses sinuosités; tandis que la nature de son lit, en le chargeant plus ou moins d'alluvions, de détritus organiques et de substances minérales en suspension, rend ses flots troubles ou limpides, leur prête des propriétés, des colorations, des saveurs variées, augmente ou diminue leur puissance plastique ou destructive.

Un simple coup d'œil jeté sur la mappemonde suffirait pour nous convaincre que le rôle historique des fleuves n'est nullement déterminé ni par la longueur de leur cours ni par leur richesse hydrologique. En thèse générale, on pourrait même affirmer que les fleuves les plus grands et les plus riches en eau n'ont pas d'histoire. Le Nil, ce fleuve historique par excellence, est sans contredit l'un des géants du monde fluvial, mais il a un rival digne de lui, pour la longueur du cours, dans le Mississippi-Missouri, dont la valeur historique cependant n'est nullement analogue avec la sienne. D'ailleurs, le Nil historique ne commençant qu'à l'aval de la première cataracte, près d'Assouan, ne représente au point de vue qui nous intéresse pour le moment, que la valeur utile de quelques cents kilomètres.

Longueur comparée des principaux fleuves du Globe :

Mississippi-Missouri	7,052 kilomètres.
Nil	7,000 »
Amazone-Apourimac.	6,000 »
Irtich-Ob	5,685 »
Yenissei-Selenga	5,500 »
Vitim-Lena	5,465 »
Congo (d'après Stanley)	4,700 »
id. (d'après Wauters)	4,800 »
Yangtze kiang	4,700 »
Hoang ho	4,500(?) [1] »
Indus	2,900 »
Euphrate, avec Mourad-Tchaï	2,860 »

D'après un travail récent de M. Tilo, la longueur du cours des huit principaux fleuves du Globe serait moins considérable :

Missouri-Mississippi	6,600 kilomètres.
Nil des sources de Kaghara.	5,920 »
Amazone-Ucayale	5,500 »
Ta Kiang	5,080 »
Yenissei-Selenga	4,750 »
Amour	4,700 »
Congo	4,640 »
Mac Kenzie	4,615 »

L'Euphrate, même en le prenant à la source du Mourad-Tchaï, n'est qu'un pygmée en comparaison, par exemple, de l'Amazone; et, des deux fleuves historiques de la Chine, c'est le fleuve Jaune, le plus court, qui est le « Fléau des enfants du Hañ, » mais aussi le vrai générateur de leur grandeur et de leur empire. Mais ni le Yangtze kiang ni le Hoang ho ne sauraient rivaliser de dimensions avec les fleuves géants de la Sibérie, qui comptent cependant pour si peu dans l'histoire universelle. Il est vrai que ces fleuves sibériens sont cités comme des exemples stéréotypes de puissants cours d'eau dont la valeur sociologique est comme paralysée par le fait de leur dépendance de l'Océan Glacial. Je suis loin de méconnaître en général l'importance géographique de ce fait; mais pour la question qui nous préoccupe en ce moment, cette

(1) Le Hoang ho doit être considérablement plus court en réalité, parce que son tracé, fixé sur nos cartes d'après d'Anville et Klaproth, a été reconnu erroné par Prjevalsky; le coude qu'on lui fait faire dans le pays des Ordos notamment est exagéré.

importance me paraît très contestable. On comprend sans peine que les civilisations qui seraient nées sur les bords de ces fleuves se lançant dans le vide glacial de la région polaire, n'auraient pu arriver par voie normale à leur phase secondaire, c'est-à-dire à une période méditerranéenne; mais entre l'absence, dans ces bassins, de civilisations historiques fluviales et le débouché boréal de ces fleuves, je ne saisis point de rapports appréciables. Aux temps primitifs, tous ces grands fleuves historiques qui forment l'objet de cette étude se trouvaient, sous ce rapport, dans des conditions encore plus défavorables, puisqu'ils n'avaient pas de débouché du tout, le delta nilotique ainsi que le Chat-el-Arab étant des produits de l'histoire, du travail de l'homme, bien plus que de la nature; le bas Indus, jusqu'à ce jour encore, se répand en coulées inutilisables; le Gange avec la Djamna débouche dans un infect marécage empestant au loin la contrée de ses miasmes délétères; le Hoang ho, aussitôt qu'il a dépassé la ville de Kaïfoung-fou, cessait d'être un fleuve et rendait inhabitable le vaste triangle limité : au nord, par son cours actuel vers le golfe de Petchili, au sud, par le lit qu'il a abandonné, il y a une trentaine d'années. D'ailleurs, au point de vue de la navigation et des débouchés, sa valeur est encore plutôt négative, même de nos jours.

Le fleuve Amour ne présente pas les inconvénients des fleuves géants de la Sibérie; la fertilité de ses bords est proverbiale; et, sans les civilisateurs chinois et russes, ses forêts séculaires, plusieurs de ses vallées abritées par les montagnes, seraient encore l'Eldorado des chasseurs et des pêcheurs nombreux, voire des agriculteurs laborieux, exploitant les richesses naturelles de ce pays, chacun pour soi ou pour sa famille. A mon avis, les fleuves sibériens, comme le Yenissei par exemple, dans une certaine partie de son cours, ainsi que l'Amour avec son puissant affluent, l'Oussouri, nous présentent précisément l'intéressant spécimen de ces milieux trop favorisés par la nature, et qui, par cela même, deviennent défavorables pour l'histoire, parce qu'ils permettent à l'homme de s'attarder à l'étape inférieure de la vie nomade, de chasseurs, de pêcheurs ou de défricheurs de terres vierges. En récompensant avec prodigalité le travail isolé, ils dispensent l'homme de recourir à la solidarité, à une coordination complexe des efforts individuels dirigés vers un but commun, ce qui est la condition *sine qua non,* on pourrait dire l'essence de la civilisation.

Ces fleuves historiques qui ont été les grands éducateurs de l'humanité, ne se distinguent des autres ni par la majesté de leur cours, ni par l'abondance de leurs eaux; le Nil roule trois fois moins d'eau que le Danube.[1] Mais tous, sans exception, présentent une particularité remarquable, et qui nous livre le secret de leurs glorieuses destinées; tous ils convertissent les pays qu'ils arrosent, par une certaine partie de leur cours du moins, tantôt en grenier d'abondance où des multitudes d'habitants gagnent leur subsistance annuelle par un travail facile de quelques semaines, parfois de quelques jours; tantôt en foyers pestilentiels jonchés de cadavres des victimes sans nombre emportées par l'inondation, la famine et la contagion. Bon an mal an, le milieu spécifique constitué par ces fleuves créateurs de l'histoire ne saurait être exploité que par un concours strictement coordonné, rigoureusement discipliné de travailleurs nombreux, recrutés parmi les populations, généralement hétérogènes, de l'aval et de l'amont, différentes de langues, de races, de mœurs et d'aspect. La moindre négligence dans le creusement d'un canal ou l'entretien d'une digue, l'égoïsme le plus naturel et le plus innocent en lui-même d'un homme ou d'un groupe d'hommes, dans l'aménagement de leur part de la richesse liquide commune, deviennent sans remède, dans ces milieux caractéristiques, la source d'une calamité publique, d'un désastre général. Ainsi, sous peine de mort, le fleuve nourricier impose une solidarité intime de toutes les heures à des multitudes qui s'ignorent où se haïssent naturellement et condamne perpétuellement chacun à un travail dont l'utilité réelle ne se manifeste que pour tous et dont le plus souvent, au moins au début, ni la moyenne des individus ni la communauté dans son ensemble ne peuvent apprécier la nécessité ni concevoir le plan d'exécution. Là est la vraie source naturelle

[1] Suivant les évaluations des ingénieurs, l'Atrato, qui débouche dans la mer des Caraïbes, près de l'isthme de Panama, roulerait une masse d'eau plus considérable, quoique son bassin soit près de cent fois moindre. — Elisée Reclus, *Nouvelle Géographie universelle,* t. X.

de l'adoration craintive et affectueuse du fleuve, considéré comme un dieu qui nourrit et qui commande, qui tue et qui vivifie, qui daigne révéler ses mystères à quelques élus, mais dont un simple mortel entend sans les comprendre les inéluctables commandements. Le Nil, le prototype de ces grands fleuves historiques, ne créait pas seulement, tous les ans, par ses alluvions fécondantes le sol de l'Egypte; il créait aussi, grain par grain, cette remarquable Société égyptienne, sans lien appréciable de consciente solidarité égalitaire, prosaïque et matérialiste à l'origine,[1] où chacun, absorbé en apparence par les soins égoïstes de son ventre, de son salut temporel et éternel, ne s'en dévouait pas moins perpétuellement au bien de la communauté et jouait, durant toute sa vie, son petit rôle de simple rouage dans la grande machine, non pas avec le zèle tiède qu'on apporte à l'accomplissement d'un vulgaire devoir de tous les jours, mais avec la ferveur d'un vrai croyant.

LE NIL

*Le **Caput-Nili**. — L'axe Congo-nilotique. — Les «embarras.» — Le fleuve créateur de l'histoire et le fleuve de la barbarie. — Le régime des inondations. — Les débordements du Nil sont-ils un bienfait réel pour les populations de l'Egypte? — Despotisme pharaonique. — Le progrès égyptien.*

Au cœur de l'Afrique, les pluies torrentielles de l'Equateur se déversant sur la surface imperméable de l'une de ces terrasses si caractéristique du « Continent noir, » forment une région des plus remarquables, et dont l'exploration, encore incomplète d'ailleurs, ne date que de quelques lustres. L'aspect réel de cette région, telle que nous la connaissons aujourd'hui, fait supposer que les géographes du XVIe siècle possédaient sur l'Afrique centrale des renseignements peu précis, mais bien moins erronés qu'on ne l'a souvent affirmé.

[1] Fr. Lenormant, *Histoire ancienne de l'Orient jusqu'aux guerres médiques.*

Ces géographes prétendaient, on le sait, que les deux plus grands fleuves du continent africain, l'illustre Nil et l'obscur Congo, prenaient leur source dans une grande mer intérieure, Atché-Lounda, censée occuper tout l'espace où se trouvent en réalité les grands lacs du royaume de Lounda (Bangouélo, Moero-Okata, etc.), probablement le Nyassa, mais bien certainement le Tangañika et le Victoria-Nyanza, ce dernier ayant incontestablement quelques droits à l'appellation de mer, puisqu'il a une étendue plus grande que la mer d'Aral. Si nous considérons que l'espace intermédiaire entre ces lacs, qui ont des tributaires et des émissaires multiples divergeant dans toutes les directions, présente de vastes et nombreux marais aux contours incertains, nous devrons convenir que la région entière pouvait bien produire l'impression d'une mer sur quelques voyageurs qui l'ont entrevue sans l'explorer. Selon toute probabilité, les Portugais du XVIme siècle avaient puisé ces renseignements, qui ne sont pas exacts, mais que l'on ne saurait non plus qualifier de fantaisistes, de quelques *pombeiros*,[1] conducteurs noirs des caravanes qui, de Bihé, dans les possessions occidentales portugaises, se dirigent vers la région des grands lacs, le Mozambique et le sud du Zambèze. Si je ne me trompe, cette représentation des sources du Nil doit être encore courante chez les Arabes et les Zanzibarites qui, de temps immémoriaux, entretiennent un trafic considérable dans cette contrée, et qui possèdent même des factoreries importantes et des stations fixes dans le bassin du Tangañika et du haut Congo. Après avoir lu cette description de l'Afrique centrale dans un ouvrage espagnol publié à Madrid dans la première moitié du XVIIme siècle, sous ce titre : *Relacion de la Missiõ Evangelica en el reyno de Congo de la Serafica corporacion de los Capuchinos*,[2] je ne m'explique pas que Bruce, lorsqu'il fut parvenu aux sources du

[1] On a pu reconstituer avec assez de précision l'itinéraire de deux de ces *pombeiros*, qui, vers 1806, c'est-à-dire presque un demi-siècle avant le grand voyage de Livingstone, ont traversé l'Afrique, de l'Océan Atlantique aux bouches du Zambèze ou du moins jusqu'à Tete, en faisant un grand détour vers le nord, pour visiter la résidence de Mouata Yamvo.

[2] Je conserve l'orthographe de l'original qui, dans maints endroits, remplace le *n* final par une *tilde* sur la voyelle qui la précède, comme en portugais.

Bahr-el-Azrek ou fleuve Bleu, eût pu croire lui-même et faire partager sa conviction à quelques savants, qu'il avait résolu ce problème tant de fois séculaire du *Caput Nili*, de la découverte des sources du Nil; problème qui, depuis la haute antiquité, a passionné tant d'hommes éminents (Lucain fait dire à Jules César qu'il renoncerait à la guerre civile s'il lui était donné de connaître le lieu où le grand fleuve de l'Egypte prend son origine), et qui a coûté la vie à plus d'un voyageur des temps modernes.

Moins fantaisiste encore que celle des auteurs portugais et espagnols, me paraît la description que donnait des sources du Nil Claude Ptolémée, déjà dans la première moitié du deuxième siècle de l'ère vulgaire. Le grand géographe alexandrin savait que le fleuve mystérieux venait de l'hémisphère austral[1] des *montagnes de la Lune.* On sait, en effet, que *Ounyamouézi,* qui est le vrai nom du pays au sud du Victoria-Nyanza, se compose de trois mots bantou: *Ou* (pays), *nya* (particule de relation) et *mouézi* (lune).[2] Ainsi, les récentes découvertes semblent confirmer d'une manière éclatante ces données de la géographie ptoléméenne. Un détail non moins remarquable à mon avis, c'est que Ptolémée savait que le Nil surgit à l'ouest d'une autre rivière qu'il appelle *Raptus* ou *Rhapta,* nom qui n'est pas sans consonance avec celui de Rovouma. Encore un point qui, tout en n'étant pas conforme à la réalité, me semblerait prouver pourtant que Ptolémée puisait ses renseignements ailleurs que dans les légendes et les récits fantaisistes si nombreux au sujet des origines du Nil, — c'est qu'il fait passer les six confluents qui, à son avis,

[1] Il place les sources du Nil par 10 à 12 degrés de latitude australe, ce qui est exagéré; mais dans l'état actuel de l'exploration des confluents du Victoria-Nyanza, je ne saurais dire exactement de combien il se trompait. Je ferai observer seulement que l'illustre Dr Livingstone, jusqu'à sa mort, abondait dans le sens de Ptolémée, puisqu'il cherchait les sources du Nil dans la région du lac Bangouélo.

[2] Le capitaine Burton affirme cependant que le «pays de la Lune» se traduirait en bantou par *Ou-mouézi* et que la particule de relation *nya* serait de trop. C'est que *Mouézi* ne signifie pas seulement «Lune,» mais aussi «voleur» (probablement dans le sens de ceux qui préfèrent la lune au soleil, la nuit au jour), et que, pour «Pays des Voleurs» il faudrait dire, en idiome du pays, *Ou-nya-mouézi.*

formeraient le *Caput Nili,* par deux grands lacs situés au couchant (Tangañika)[1] et au levant (Victoria-Nyanza) l'un de l'autre.— Ainsi je crois pouvoir affirmer que la représentation que nous a laissée des origines nilotiques le plus grand géographe de l'antiquité classique avait besoin d'être rectifiée sur certains points et complétée sur plusieurs autres, mais qu'en somme elle était plus conforme à la réalité que celle que s'en faisaient Speke et Grant, il n'y a pas quinze ans, lorsqu'ils persuadèrent Mlle Tinné de ne point continuer son voyage d'exploration, car ils s'étaient déjà assurés *de visu,* disaient-ils, que le fleuve égyptien avait ses sources dans le grand Nyanza.[2] Et lorsque, après les brillantes découvertes de ces deux officiers, Livingstone persistait à rechercher les sources nilotiques dans l'hémisphère austral, des gens compétents se disaient que l'illustre explorateur avait trop vieilli décidément, et il y eut même un courant de mécontentement contre lui à la Société de Géographie de Londres.[3]

En opposition à ces renseignements de Ptolémée, examinons l'idée qui résumait le dernier mot de la sagesse égyptienne, au sujet du grand mystère du Nil, dans les derniers temps de l'empire pharaonique. Hérodote II, 28, nous apprend que, de tous les Egyptiens, seul le scribe sacré du trésor du temple de la déesse Neit (Athénée, Minerve), à Saïs, pouvait connaître les sources du fleuve.[4] J'ignore par quels moyens le père de l'histoire est parvenu à surprendre ce secret, mais il nous le révèle sans réserve. «C'étaient, dit-il, deux monta-

[1] Peut-être est-ce le Mvoutan-Nzighé ou le lac Albert, qui appartient effectivement au bassin du Nil. La description de Ptolémée n'est pas assez précise pour que l'on puisse avoir quelque certitude sur ce sujet. Ptolémée connaissait ces deux lacs par Marien de Tyr, qui lui-même en avait appris l'existence de la bouche d'un nommé Diogène ayant visité l'Afrique centrale, vers l'an 100 avant J.-C.

[2] V. Livingstone, *Dernier Journal,* t. I.

[3] V. Stanley, *Comment j'ai retrouvé Livingstone;* aussi Livingstone, ouvrage cité.

[4] C'était sans doute une innovation de la période saïte ou thébaine; car aux temps anciens, le Pharaon seul était censé connaître le mystère du Nil, ce qui constituait l'un de ses titres principaux à la vénération de ses sujets.

gnes aux sommets pointus, entre la ville de Syène dans le domaine thébain et la ville d'Eléphantine (Abou), nommés le premier *Krophi*, le second *Mophi*.[1] — On voit donc que, pour les Egyptiens, les sources du Nil signifiaient simplement le point extrême à l'amont des inondations. Ni eux ni Hérodote (qui, aux chapitres 29-31, donne l'itinéraire d'Eléphantine à Meroë par Tachampso, et plus loin, au pays des *Automoles*) ne pouvaient ignorer que le fleuve existe bien loin au delà de ces prétendues origines. Et si nous supposons qu'aux yeux des Egyptiens, qui ne vivaient que des inondations périodiques du Nil, du corps même ou de la substance du divin Hapi, ce fleuve ne présentait plus aucun intérêt du moment qu'encaissé entre les hautes murailles de ses rives nubiennes, il était forcé de ne point sortir de son lit, abandonnant à son antagoniste Typhon-Set, au souffle du désert, le pays qu'il arrose sans le féconder; — on ne comprend plus alors comment son origine pouvait être considérée comme un mystère divin puisque le plus méprisé des pêcheurs (corporation abjecte des anciens Egyptiens) devait avoir vu ces lieux, plusieurs fois dans sa vie, de ses propres yeux.

On sait que Néron, passionné comme tous les grands hommes des temps césariens pour ce mystérieux problème du *Caput Nili*,[2] envoya deux centurions à la recherche des vraies sources du fleuve-dieu des Egyptiens, et que ces anciens explorateurs réussirent à remonter le Nil plus haut que sa jonction avec le Bahr-el-Arab, c'est-à-dire plus loin qu'aucun Européen avant l'an de grâce 1841,[3] lorsqu'ils furent arrêtés par ces amas d'herbes auxquels Elisée Reclus applique très heureusement l'appellation d'*embarras*, dans

[1] D'après le prof. Lauth, Krophi serait la transcription de l'égyptien *Ker-hapi*, «le gouffre du Nil,» et *Mophi* de *Mu-hapi*, «l'eau du Nil». Je cite d'après J. Dümichen, dans W. Oncken's *Weltgeschichte in Einzeldarstellungen*.

[2] Il semble que l'intention d'imiter le grand Alexandre, qui s'intéressait vivement à ce problème, inspirait, en partie du moins, cette passion aux Césars depuis Jules.

[3] D'Arnauld et Sabatier, à la tête d'une grande expédition envoyée par le gouvernement égyptien à la recherche des sources du Nil, en 1841, furent les premiers Européens, à ma connaissance, parvenus à remonter le fleuve jusqu'à Gondokoro, au delà de ses *embarras*.

le sens particulier que lui attribuent les créoles de la Louisiane.[1] Ces émissaires doivent aussi avoir surpris le secret gardé (?!) par le trésorier du temple saïte de la Sagesse-Neit. Ils furent tellement impressionnés par cette bizarre conception égyptienne d'un fleuve ayant ses sources sacrées à quelques quinze cents kilomètres à l'aval du point jusqu'auquel ils l'avaient remonté, qu'ils rapportèrent à Néron qu'ils avaient bien réellement vu le Nil sortir entre deux collines *(Krophi* et *Mophi)*, où se trouvaient des fontaines insondables. Une moitié des eaux de ce gouffre, disaient-ils, se dirigeait vers le nord et formait le Nil-Hapi des Egyptiens, tandis que l'autre moitié s'écoulait vers l'Ethiopie et allait se perdre dans des marais infranchissables. — J'en conclus que, pour Ptolémée comme pour nos explorateurs modernes, la question des sources du Nil constituait une simple question géographique, tandis que pour les Egyptiens, jusqu'aux temps bien postérieurs à la chute politique de leur empire, elle rentrait encore dans le domaine des mystères insondables de la religion, domaine où le raisonnement a toujours perdu ses droits, où les contradictions les plus flagrantes ne sont qu'un titre de plus à la vénération, où la solution la plus incompatible avec la logique et les lois naturelles les mieux établies est précisément celle que l'on admet avec le plus d'empressement. Certes on n'avait jamais vu un autre fleuve ayant ses origines au milieu ou plutôt, près du terme de son cours : mais les autres fleuves pouvaient-ils être comparables au Nil et imposer leur loi au divin Hapi! Je me suis un peu étendu sur ce sujet, parce que, à mon avis, la simple juxtaposition des solutions du problème de la *Tête du Nil*, par le géographe d'Alexandrie d'un côté et par le prêtre égyptien de Saïs de l'autre, nous permet d'apprécier à vüe d'œil la différence entre l'essence même de la civilisation méditerranéenne et celle de l'ancienne Egypte. Ajouterais-je entre parenthèses que cet échantillon de la sagesse hiératique égyptienne qui nous est parvenu par l'indiscrétion d'Hérodote et des deux centurions romains, nous donne une idée passablement médiocre de la discipline et du savoir de ces fameux prêtres de l'Egypte ancienne, qu'on représente cependant comme des Rodins quintessenciés,

[1] *Nouvelle géographie universelle*, t. X.

perfides mais profonds, ambitieux et cupides, mais pétris de science et de fidélité aux règles. — Tandis que le Grec Eratosthène, cité par Strabon, en étudiant les résultats de l'expédition militaire de Ptolémée Philadelphe (au commencement du IIIe siècle de l'ère ancienne), arrivait à savoir que le Nil avait ses sources au sein de grands lacs de l'Afrique équatoriale, - les serviteurs de la Divine Sagesse égyptienne se transmettaient, du temps de Néron encore, la fable de *Krophi* et de *Mophi,* à titre de mystère vénérable et sacré.

Bien que notre connaissance des sources du Nil ne soit pas encore complète, cependant les explorations modernes ont démontré à l'évidence que les deux plus grands fleuves de cette énorme masse continentale qui comprend l'Afrique et l'Europe entières, avec l'Asie Mineure, l'Arabie et les pays situés entre la chaîne du Caucase et les monts Salomon, — le Congo et le Nil — ont leurs sources distinctes mais rapprochées. Le Tangañika qui se rattache au Congo par le Loukouga et le Victoria-Nyanza d'où sort le Nil appartiennent réellement à des bassins différents. Peu de pics élevés, de nature probablement volcanique, tels que le Gambaragara, au nord du lac problématique que nous connaissons sous le nom de Louta-Nzighé, et le Mfoumbiro, entre ce même lac et le plus considérable des tributaires du Victoria-Nyanza, la Tangouré, que l'on a surnommée provisoirement le Nil-Alexandra, marquent par endroits la ligne de séparation entre le Nil et le Congo. Mais ces pics sont sporadiques et ne se rattachent par aucune chaîne suivie, ni avec les massifs gigantesques des monts Kenia et Kilimandjaro, ni avec la chaîne dite des *Explorateurs* qui borde à l'ouest le Mwoutan-Nzighé (Albert-Nyanza). En général, le faîte de partage entre ces deux bassins est formé de petits accidents de terrain, peu intéressants à un point de vue purement orographique, parfois difficiles à reconnaître. Il se pourrait même que quelque mare ou lagune, dont on connaît déjà un si grand nombre dans cette région, mêle pendant la saison des crues ses eaux avec celles des deux bassins voisins et sert ainsi de trait d'union temporaire entre le Victoria-Nyanza et le Tanganika, entre le Nil et le Congo. Cependant, des sources du Ouellé (que nous pouvons considérer définitivement comme se rattachant au Congo, sans admettre nécessairement l'hypothèse fort vraisemblable d'ailleurs, de M. Wauters, de Bruxelles, sur l'identité de ce fleuve avec le M'banghi) au mont Mfoumbiro et aux sources présumées du Nil-Alexandra, la direction principale de cette ligne de partage entre le Congo et le Nil me semble suffisamment indiquée; elle court du nord-ouest vers le sud-est. En prolongeant cette ligne jusqu'aux limites du continent africain, nous obtenons un axe idéal se dirigeant du cap Spartel aux bouches du Zambèze. Si, à la distance qui sépare à vol d'oiseau le Nil-Alexandra de l'extrémité méridionale des monts de Souleïman, nous traçons, au nord-est de l'axe Congo-nilotique, une ligne droite parallèle, nous obtenons ainsi deux grands blocs continentaux de dimensions, mais surtout de valeurs historiques très inégales, ayant chacun son fleuve géant né dans la région des grands lacs de l'Afrique équatoriale. Le bloc à droite de l'axe, peut être nommé le *bloc nilotique,* parce que son artère-maîtresse est le Nil. Ce bloc nous présente bien quelques déserts, quelques oasis de barbarie; mais, en somme, c'est lui qui contient les territoires de toutes les grandes civilisations qui ont brillé dans l'histoire, depuis la plus haute antiquité jusqu'aux temps modernes; c'est-à-dire, sans compter l'Egypte avec l'Ethiopie et les provinces méditerranéennes de l'Afrique, toute l'Asie antérieure des bouches de l'Indus à la Syrie et au Caucase, l'Asie Mineure, et en outre toute l'Europe centrale et occidentale avec les Iles Britanniques et sans en exclure les parties méridionales de la Scandinavie. Le bloc à gauche de l'axe Congo-nilotique comprend tout le reste de l'Afrique, c'est-à-dire ce véritable « Continent noir » qui s'est montré jusqu'à ce jour le plus réfractaire à la civilisation et à l'histoire.

A vue d'œil, je serais tenté de supposer que nous retrouverions entre les étendues de ces deux grands blocs continentaux à peu près les mêmes proportions numériques qu'entre la longueur respective du cours du Nil et du Congo (7,000 : 4,700); mais je ne saurais attacher aucune importance à ces rapports purement quantitatifs; car la longueur du cours d'un fleuve me semble être, même au simple point de vue de la géographie physique, un élément des plus insignifiants. Certes, le Nil dépasse considérablement son voisin sud-occidental, par le développement de son cours; mais, pour y parvenir, il s'étire et s'amincit comme exténué par l'effort d'arriver à la Méditerranée, tandis que le Congo, au contraire, se pelotonne, se replie en spirales grandioses, frangées du côté du sud, d'affluents puissants et nombreux. L'ensemble des terres arrosées par les eaux du Congo et de ses tributaires plus ou *moins connus*, le *Ouellé y compris*, est plus *compact*, plus ramassé, mais au moins égal en superficie à toute l'étendue du bassin du Nil. Sous le rapport de la richesse liquide qui, au point de vue physique, serait le principal élément de la question, le Congo — bien que son hydrologie nous soit très imparfaitement connue, doit être bien supérieur à son rival nord-oriental; et cependant, il est resté jusqu'à ce jour le fleuve de la barbarie par excellence, tandis que le Nil n'est peut-être pas le créateur unique, mais certainement le créateur principal de toutes ces glorieuses civilisations qui ont brillé et qui brillent encore dans le vaste bloc continental que je considère comme la zone nilotique dans l'acception la plus étendue du mot.

Sous le rapport de la navigabilité, le Congo et le Nil participent plus ou moins au même degré de la nature défavorable de tous les grands fleuves africains résultant de la configuration si caractéristique de ce continent en terrasses superposées; d'échelon en échelon, l'un comme l'autre se précipitent en rapides ou en véritables cataractes, qui embarrassent le trafic et parfois l'interrompent tout à fait. Mais outre ces désavantages communs, le Nil nous présente encore ce phénomène particulier des *sedd* ou «embarras» que j'ai déjà mentionnés. « Au sortir du M'woutan-Nzighé, le Nil, d'allure tranquille et large de 500 à 2,000 mètres, serpente en longs méandres entre deux rives verdoyantes. Dans le milieu du chenal, l'eau est profonde de 5 à 12 mètres et de gros bâtiments pourraient en toute saison desservir les escales riveraines jusqu'à 200 kilomètres à l'aval du lac. Des îles boisées et des îlots s'élevant hors de l'eau comme des bouquets de papyrus, bordent les rives; souvent, surtout au commencement des crues, on voit des îles flottantes passer au fil du courant. Les matériaux originaires de ces îles consistent en traînées de feuilles et de roseaux qui viennent s'échouer sur des fourrés de hautes herbes aquatiques, se raidissant sous l'effort de l'eau comme des cordes d'ancre. Ces débris se décomposent et forment une première couche de terreau flottant, qui ne tarde pas à se couvrir de végétation... Il arrive souvent que les débris végétaux s'accumulent en assez grande quantité pour que les masses flottantes prennent racine ça et là au fond du lit fluvial, et l'on a vu dans le bassin du Nil des rivières entièrement recouvertes par ces planchers mobiles et élastiques, sur lesquels se hasardent même les caravanes. C'est à la formation rapide des îles d'herbes que le Nil doit d'avoir été fréquemment bloqué dans cette partie de son cours et forcé de se creuser de nouveaux lits. Dans les plaines qui s'étendent à l'ouest du Nil actuel, on remarque en beaucoup d'endroits les restes d'anciens courants, «fausses rivières» qui furent autrefois le Nil...

Le flot des eaux pluviales, uni en un seul courant à Gondokoro et à Lado, présente un aspect imposant; mais, coulant dans une plaine à très faible pente, il se ramifie en nombreuses rivières latérales... La rivière principale finit même par se bifurquer complètement: tandis que le Nil proprement dit maintient d'abord sa direction vers le nord-ouest, le Bahr-ez-Zaraf ou «Fleuve des Girafes» coule au nord pour aller rejoindre le fleuve majeur après un cours errant d'environ 300 kilomètres à travers les savanes et les marécages; ce n'est pas une rivière, dit Marno, mais seulement un *khor* une «coulée,» qui d'ailleurs devient d'année en année plus difficile à visiter... Evidemment, toute la région basse dans laquelle serpentent le Bahr-el-Djebel, le Bahr-ez-Zaraf, leurs innombrables affluents et les rivières qui viennent les rejoindre fut jadis un vaste lac que les alluvions ont graduellement comblé... L'endroit où commence la berge septentrionale de cette mer intérieure est indiqué par le brusque changement du cours du Nil au confluent du Bahr-el-Ghasal ou «Fleuve des Gazelles» (appelé le Fleuve des Arabes, Bahr-el-Arab, dans sa partie supérieure). A ce tournant, appelé le « Joug des Rivières, » tout le système des eaux, fleuve principal et coulées, doit se recourber vers l'est pour longer les hautes plaines du Kordofan. Un reste de lac, qu'on appelle le No

(Birket-el-Ghazal) emplit encore une cavité de l'ancienne dépression, mais sous l'action des courants, des crues, des apports, cette nappe d'eau marécageuse sur les bords, change incessamment de forme... Sur toutes les cartes originales, les contours en diffèrent; elle paraît diminuer maintenant, colmatée par les apports continuels du fleuve et des rivières; en 1840, lorsque Arnaud en dressa la carte, c'était un bassin très considérable.[1]

Des familles nombreuses de la tribu des Nouêr installent leurs campements sur le tapis d'herbes flottantes, se nourrissant uniquement des poissons qu'ils pêchent en perçant le sol, et des graines d'espèces diverses de nymphéacées. Sur les berges du fleuve et des marais se voient en certains endroits des myriades de buttes argileuses élevées par les termites et toutes assez hautes pour dépasser de leurs pointes le niveau des nappes d'inondation: suivant la hauteur des crues, les termites montent ou descendent d'étage en étage. Un des habitants les plus curieux de ces régions inondées est l'oiseau appelé « père du soulier » par les Arabes, à cause de la forme de son bec: c'est le *balœniceps rex* des naturalistes. Quand on aperçoit de loin, sur une butte de termites, cet animal bizarre aux longues jambes, au plumage grisâtre, à la tête énorme, on se demande si l'on voit un oiseau ou un pêcheur Nouêr, le corps frotté de cendres. »[2]

Ainsi le Nil qui sort des lacs de l'Afrique équatoriale se trouve en danger de se perdre au milieu de ses « embarras, » dans les marais du lac No, éloignés de plus de 2,000 kilomètres de la rive méridionale de la Méditerranée; mais le fleuve des Arabes ou des Gazelles aux confluents multiples lui

[1] Le *Joug des rivières* est la partie du fleuve où les débris végétaux bloquent le plus souvent le passage; les îles flottantes qu'apportent les courants et les bayous latéraux s'arrêtent aux tournants et s'étendent de rive à rive en un radeau mobile. Arrêté par l'obstacle, le fleuve se déplace, mais d'autres *sedd* ou amas d'herbes, retenus par des fourrés d'ammbatch (roseaux d'un poids spécifique inférieur à celui du liège), viennent bloquer le nouveau lit... Terre qui se forme, la couche de débris finit par se consolider; elle se recouvre de papyrus, même de végétation arborescente, et des forêts croissent au-dessus d'un fleuve caché qui continue lentement son cours dans les profondeurs.

[2] Elisée Reclus, *Ouvrage cité,* t. X.

apporte fort à propos le riche contingent des eaux qu'il a ramassées dans la vaste région comprise entre le pays des Niam-Niam et le Wadaï. Ces amas végétaux ne détruisent pas seulement la valeur navigable du fleuve, mais ils empestent aussi la contrée en saturant l'atmosphère de miasmes, produits de leur décomposition; l'on comprend sans peine que les émissaires de Néron ne se fussent point aventurés au delà de cette limite dans leur recherche des sources du fleuve mystérieux des Egyptiens. Plus osée que les centurions de l'armée romaine, une jeune voyageuse des temps récents, Mlle Tinné, réussit cependant à remonter le fleuve en bateau à vapeur plus loin que le lac No et le Joug des rivières; mais en 1880, l'Italien Gessi, à la tête de cinquante soldats du khédive .. de nombreux esclaves noirs, se débattit en vain pendant trois mois au milieu de ces obstacles. Plus de la moitié de ses hommes fut emportée par les miasmes et la famine; et les survivants, réduits à se nourrir des cadavres de leurs compagnons plus faibles, ne durent leur salut qu'à l'expédition qui fut envoyée à leur secours, sous la direction du célèbre chasseur et explorateur autrichien, M. Marno. D'ailleurs Gessi mourut quelques mois après, des suites de la maladie qu'il avait contractée pendant sa captivité dans la région empoisonnée des embarras, et son jeune libérateur ne lui survécut que peu d'années.

Après que le Bahr-el-Ghazal a balayé les *sedd,* le fleuve, enrichi par l'apport des eaux du Sobat et du Nil Bleu, descendant du massif abyssin, devient accessible aux grands navires; mais, entre Khartoum et la jonction du Nil Blanc et de l'Atbara, le passage se trouve intercepté de nouveau par la sixième de ces cataractes qui se suivent à peu d'intervalles jusqu'à l'entrée de la Thébaïde, où commence l'Egypte historique, la zone des inondations. Sur tout son immense parcours, le Nil ne présente pas une seule voie navigable qui dépasse en longueur le tiers seulement de celle que nous offre le Congo entre les Stanley Falls et Stanley Pool (1,700 kilomètres), sans compter les nombreux affluents de ce «fleuve de la barbarie,» dont plusieurs ont déjà permis à nos bateaux à vapeur de pénétrer jusqu'à quelques centaines, parfois même près de mille kilomètres à l'intérieur.

Sous le rapport de la fertilité du sol et de l'habitabilité en général, le bassin du Congo nous apparaît aussi beaucoup plus heureusement conformé que le bassin nilotique entre les chutes de Murchison et la vallée historique des inondations qui ne commence qu'à l'aval de la première cataracte près d'Assouan. — Nous pouvons en juger par l'aspect florissant de ces stations entourées de culture que les Arabes et les Zanzibarites ont créées dans plusieurs endroits du haut Congo, plus particulièrement près de Nyangoué. Stanley, S. de Brazza, Wissmann, Pogge, Grenfell et tant d'autres explorateurs, déjà nombreux, de ces régions, parlent non sans étonnement parfois de la grande densité des populations qu'ils ont visitées entre le Stanley Pool et l'Alima, au confluent du Mbanghi avec le Congo-Livingstone, de même que sur le Kassaï et plusieurs autres grands tributaires de ce fleuve de la barbarie. Certes, parfois, à côté des centres les plus populeux, l'on y voit des endroits absolument déserts; mais, à peu d'exceptions près, ce fait n'est pas imputable à l'ingratitude du sol ni à l'insalubrité du climat: ce sont les traitants d'esclaves qui ont ravagé les villages et forcé les habitants à se réfugier loin des fleuves, dans des endroits inaccessibles, au fond des forêts. D'ailleurs, cet attrait particulier que le bassin du Congo a toujours exercé sur les chasseurs d'hommes, prouve suffisamment, à mon avis, que l'homme gibier, l'homme zoologique a toujours abondé dans ces pays, tandis que l'homme social, l'homme de la solidarité y est faible et impuissant à résister contre ceux qui, bien qu'inférieurs en nombre, l'attaquent avec les armes et l'organisation d'une civilisation supérieure.

A un certain point de vue seulement, en dépit de toutes les brillantes découvertes des explorateurs modernes, la révélation de la Minerve égyptienne au sujet de *Krophi* et de *Mophi* restera éternellement vraie. En effet, c'est près d'Eléphantine qu'existe cet abîme mystérieux et idéal qui partage le fleuve géant en deux sections très distinctes et très inégales en longueur: la petite section à l'aval est ce Nil des inondations qui créa l'Egypte et l'histoire; la grande section de l'amont crée perpétuellement, d'année en année, depuis nombre de siècles, le Nil historique et ses inondations. Si le fleuve n'avait pas ses origines dans cette région de l'Afrique équatoriale, — au-dessus de laquelle se condensent les vapeurs des deux océans pour se déverser aussitôt en pluies torrentielles, pendant dix mois de l'année, sur un sol de roches imperméables faiblement incliné vers le nord, — ses eaux seraient absorbées par le soleil ardent de ces latitudes torrides et bues par les sables arides du désert bien avant qu'il eût atteint la Méditerranée. Nous savons déjà que, malgré l'intarissable abondance de ses sources équatoriales, le divin Hapi, avant d'avoir franchi la moitié du chemin qui le conduit au pays de ses adorateurs, est bien près de s'embourber dans les plaines pestilentielles du fleuve des Girafes (Bahr-ez-Zaraf) et du fleuve des Montagnes (Bahr-el-Djebel). Mais, à ce moment critique, le fleuve des Gazelles vient fort à propos le tirer des «embarras.» Désormais, l'existence du fleuve merveilleux semble assurée, grâce surtout aux soins minutieux dont la tendre Isis, la Mère-Nature, entoure chaque pas vers le nord de son fécondateur chéri. Dès qu'il est sorti victorieux du premier danger qui le menace au Joug des Rivières, le puissant Sobat, le premier de ses affluents de droite, vient lui apporter son riche tribut[1] ; puis, pour l'empêcher de gaspiller ses précieuses ressources par des épanchements prématurés et inutiles dans le désert, les rives nubiennes se rehaussent et se rétrécissent des deux côtés. Pour accélérer sa marche et lui éviter ainsi une évaporation trop abondante sous le soleil ardent des tropiques, son lit, qui jusque là avait si peu de pente, descend par six gradins ou échelons consécutifs vers la Méditerranée. Enfin, grâce à tant de précautions, le Hapi franchit triomphant la porte d'Eléphantine et entre dans la vallée d'inondation, bande étroite découpée dans le désert sans bornes par deux rangées de collines granitiques et calcaires, qui tantôt s'éloignent et tantôt se rapprochent, pour élargir ou restreindre l'amplitude de ses débordements féconds. Le mur oriental ou libyque la serre cependant de

[1] Russegger ne se trompait pas de tout point quand il prenait le Sobat pour le vrai Nil Blanc : d'abord, ce n'est qu'après avoir reçu cet affluent que le fleuve principal prend la couleur crayeuse qui lui valut ce nom ; ensuite, dans des périodes de crue, le Sobat charrie plus d'eau que le Nil Blanc ; par contre, il a ses baisses pendant lesquelles il ne conserve pas assez de fond pour porter de modestes embarcations. Le négrier maltais De Bono fut retenu plusieurs mois prisonnier du Sobat par un de ces brusques retraits des eaux.

plus près, comme pour éviter qu'à la fin de sa longue et pénible carrière, il ne détourne ses flots vers la mer Rouge, ce qui eût été fatal pour l'Egypte et pour l'histoire du monde entier.

Le fleuve est créé, mais pas encore l'Egypte, le berceau des civilisations occidentales anciennes et modernes. Le Nil tel que nous l'avons suivi jusqu'à présent resterait toujours l'un des premiers — peut-être le premier — entre les géants fluviaux de l'Ancien et du Nouveau Continent, mais il manquerait de ces propriétés spécifiques qui en firent l'initiateur historique par excellence de l'humanité. Nourri à sa naissance des pluies équatoriales qui n'ont point de périodicité, réconforté par les apports du Bahr-el-Ghazal, il serait assez puissant pour franchir sans s'atténuer, sous un ciel toujours en feu, cette énorme étendue de plaines marécageuses ou désertes, à pente très faible, qui le sépare de la mer; mais il ne déborderait pas, et l'Isis égyptienne n'aurait point connu d'époux bienfaisant, producteur des récoltes abondantes et de l'ordre social et moral; comme sa triste sœur Nephtis (la terre hors de la limite des inondations du Nil), elle serait livrée à perpétuité aux embrassements stériles de Set-Typhon, le dieu satanique du désert, du désordre et de la désolation. Heureusement, entre le Nil et le golfe Arabique, se dresse le massif énorme des monts de l'Abyssinie, qui attire vers lui les nuées et les vapeurs de l'Océan Indien. Lorsque le soleil est au zénith dans l'hémisphère boréal, les pluies diluviennes se déversent avec une violence inconnue dans les pays tempérés; les torrents mugissants rongent les flancs perméables et abrupts des rochers à pic en s'y creusant des lits profonds. Plus d'une fois, des caravanes nombreuses ou des bataillons qui, pendant la saison sèche, profitent de ces *Koualla* ou chemins naturels pour gravir ou descendre les parois escarpées de leurs montagnes en forme de pyramides tronquées, ont été noyés jusqu'au dernier homme par ces torrents formés à une époque plus précoce ou plus tardive que d'habitude. Nous avons déjà vu que le Sobat, l'affluent le plus méridional de la rive droite du Nil, participe en une certaine mesure de la nature périodique de ces torrents montagneux. Ces tributaires principaux, le Fleuve Bleu et l'Atbara, dépendent bien plus encore dans leur richesse liquide, des saisons tropicales. A l'époque de leur crue, le Nil déborde aussitôt que le permet l'abaissement de ses berges, à l'aval de la première cataracte. Pour compléter la nature spécifique de la vallée égyptienne, ces débordements doivent revêtir ces propriétés fécondantes qui les ont rendus si justement célèbres dans le monde entier.

« Les eaux du Nil Blanc, fait observer Winwood Reade,[1] sont transparentes et pures, mais celles de l'Atbara et du Nil Bleu apportent de leur pays natal un résidu noir que le fleuve étend par couches sur toute la vallée, comme une sorte de limon ou d'engrais. Aussitôt que le flot est rentré dans ses limites naturelles, les habitants n'ont plus qu'à confier leurs semailles à cette boue onctueuse et bienfaisante; leurs labours sont dès lors terminés; ils n'ont plus à craindre l'inclémence des saisons ni à tourner leurs regards anxieux vers le ciel. Pour convertir la semaille en récolte, il ne leur faut plus que du soleil, et en Egypte, on est sûr d'avance de ne jamais en manquer. Ainsi, sans le Nil Blanc, les eaux abyssiniennes auraient été absorbées par le désert, et sans les fleuves de l'Abyssinie, le Nil Blanc serait un fleuve stérile comme tant d'autres. Le fleuve est créé par les pluies équatoriales; le pays par les pluies tropicales condensées en un seul lieu par la citadelle puissante des monts de l'Abyssinie. »

A ces considérations fort justes de l'auteur anglais, qui sont d'ailleurs acceptées ou confirmées par les savants les plus compétents en ces matières,[2] je me permettrai d'ajouter quelques mots. Pour ce qui est des inondations mêmes, les rapports me paraissent être exactement tels que Winwood Reade les a indiqués : le Fleuve Blanc apporte la *masse* à laquelle le Fleuve Bleu et l'Atbara prêtent leur merveilleuse *qualité*, la propriété de se répandre dans la campagne à un moment des plus propices à l'agriculture. Mais pour ce qui est de la propriété fécondante si remarquable des dépôts nilotiques, ces rapports ne seraient-ils pas plutôt renversés? — La boue noire qui en forme la masse se compose incontestablement des détritus de toute nature arrachés par l'impétuosité des torrents aux flancs schisteux des massifs de l'A-

[1] *The Martyrdom of Man*.

[2] Elisée Reclus, *Ouvrage cité*.

byssinie; mais l'essence fécondante par excellence de ces limons, à mon humble avis, pourrait bien être due, en grande partie du moins, à des particules en décomposition de ces *sedd* qui forment les «embarras» et qui sont poussés dans le courant principal par la puissante impulsion du fleuve des Gazelles qui balaye les marécages du lac No. Ces détritus, de nature essentiellement organique, ne seraient probablement pas suffisants pour recouvrir d'une couche d'humus fertilisé le sol aride de toute la vallée; aussi, avant d'arriver au gouffre de *Krophi* et de *Mophi*, ont-ils été abondamment mélangés aux sédiments blancs du Sobat et aux dépôts noirs du Nil Bleu et de l'Atbara. Peut-être est-ce au mélange même de ces dépôts si différenciés par leur provenance et leur coloration respective, que le limon du Nil, par quelque réaction chimique ignorée, doit ses remarquables qualités? — C'est là un de ces mystères du Nil que ni la sagesse mystique de la Neit du temple de Saïs, ni les derniers progrès de la sceptique exploration moderne ne nous ont encore révélés. Il est certain cependant qu'avant de déposer ses alluvions précieuses et hétérogènes sur la surface inondée, le divin Hapi les soumet à un triage préalable: les détritus végétaux des *sedd,* grâce à leur moindre poids spécifique, surnagent les premiers et pourraient bien produire, à eux seuls, ce *Nil Vert* qui est, on le sait, la phase primordiale de l'inondation, pendant laquelle il faut bien se garder de boire de l'eau du fleuve, généralement si bonne et si douce, car alors elle est empoisonnée. Tout danger a passé lorsque l'inondation en est à sa phase secondaire ou *rouge,* bien que l'eau ait alors un aspect encore plus opaque et plus trouble et ressemble à du sang à s'y tromper. En la laissant se reposer dans un verre, on voit une sorte de boue noire se précipiter vers le fond, mais le dessus reste rouge et opaque, et le mélange n'a ni goût ni propriétés désagréables[1]...

Tel est donc ce «mystère du Nil,» cet ensemble extrêmement compliqué de conditions physiques si extraordinaires que nous en chercherions vainement une reproduction exacte dans tous les autres pays connus du Globe. On comprend donc que ce milieu géographique sans pareil, cette

[1] Osburn, Maspero, Fr. Lenormant, Elisée Reclus.

Egypte que l'on a si souvent comparée à un monde à part séparé du reste de l'univers par des déserts, ait dû avoir ses destinées historiques tout aussi exceptionnelles, et bien que l'archéologie et l'histoire ne nous aient pas encore scientifiquement démontré que cette «Terre d'inondation» — cette Maison de la Divinité — *Ha-ka-Ptah* (d'où les auteurs classiques ont tiré Aegyptos) fût le vrai berceau de la civilisation occidentale, c'est-à-dire de la plus universelle de toutes les civilisations, l'aperçu géographique des lieux prête, me semble-t-il, une grande vraisemblance à cette hypothèse : ou, à tout le moins, c'est dans la vallée nilotique incontestablement que les liens intimes, étroits, qui, partout et toujours, rattachent l'histoire d'un peuple à son milieu géographique, à son habitat, se manifestent sous un aspect le plus primordial, le plus immédiat. — Nous avons vu comment la Nature crée le fleuve et comment le fleuve crée l'Egypte. Examinons maintenant aussi rapidement que faire se peut, comment l'Egypte a créé l'histoire.

Mais d'abord, une question préalable se pose naturellement : les inondations périodiques et fécondantes du Nil sont-elles un bienfait indiscutable dans le sens direct et physique du mot, un don gratuit de la nature assurant à peu de frais aux habitants un bien-être matériel supérieur à celui dont jouissent les occupants des autres contrées ?

On a si souvent renchéri, depuis Hérodote jusqu'aux temps les plus récents, sur la nature essentiellement et exceptionnellement bienfaisante de ce phénomène, que la question elle-même semblera peut-être oiseuse. Les surnoms caressants par lesquels le Nil a été de tout temps désigné dans le langage des laboureurs indigènes — *Tsaf-en-ta,* «Nourrisseur du Monde,» sous les Pharaons, *Abou-el-baraga,* «Père de la Bénédiction,» sous les oppresseurs actuels du fellah — pourraient nous confirmer dans cette opinion ; et l'hymne que les Egyptiens, déjà aux temps anciens de leur empire, sous la XIIme dynastie, avaient composée pour célébrer les gloires du fleuve divin, semblerait être faite exprès pour ne point laisser l'ombre d'un doute à ce sujet :

« Salut, ô Nil ! ô toi qui t'es manifesté sur cette terre, et qui viens en paix pour donner la vie à l'Egypte ! Dieu caché, qui amène les ténèbres au jour où il te plaît de les amener, *irrigateur des vergers qu'a créés le Soleil* pour donner la vie à tous les bestiaux. Tu abreuves la terre en tout lieu, *voie du ciel qui descend...* — Seigneur des poissons ! *quand tu remontes sur les terres inondées, aucun oiseau n'envahit plus les biens utiles. Créateur du blé, producteur de l'orge !* il perpétue la durée des temps ; *repos des doigts est son travail pour des millions de malheureux.* S'il décroît, dans le ciel les dieux tombent sur la face, les hommes dépérissent. *Il a fait ouvrir par les bestiaux la terre entière, et grands et petits se reposent...* Se lève-t-il, la terre est remplie d'allégresse, tout *ventre se réjouit, tout être a reçu sa nourriture, toute dent broie.* Il apporte les provisions délicieuses ; il crée toutes les bonnes choses, le Seigneur des nourritures agréables, choisies ; s'il y a des offrandes, c'est grâce à lui. *Il fait pousser l'herbe pour les bestiaux, il prépare les sacrifices pour chaque dieu.* L'encens est excellent qui vient par lui. *Il se saisit des Deux Contrées*[1] *pour remplir les entrepôts, pour combler les greniers, pour préparer les biens des pauvres.* Il germe pour combler tous les vœux, sans s'épuiser par là ; il fait de sa vaillance un bouclier pour les malheureux. On ne le taille pas dans la pierre ; les statues sur lesquelles on place la double couronne, on ne le voit pas en elles ; nul service, nulle offrande n'arrive jusqu'à lui. On ne peut l'attirer dans les sanctuaires ; on ne sait le lieu où il est... Point de demeure qui le contienne, point de guide qui pénètre en son cours. Tu as réjoui les générations de tes enfants ; on te rend hommage au sud ; stables sont tes décrets quand ils se manifestent par devant tes serviteurs du nord. Il boit les pleurs de tous les yeux et prodigue l'abondance de ses biens. »[2]

Cette hymne sans pareille, si remarquable par son contraste avec les exagérations lyriques des chants védiques et des autres productions connues de ce genre, n'a certes pas été composée par un scribe laïque, nourri dans les palais ou les bureaux ; ni par un hiérophante passant sa vie dans l'ac-

[1] L'Egypte memphite et la Thébaïde.

[2] Papyrus Sellier, traduction de M. G. Maspero.

tivité contemplative des sanctuaires. Le poète qui a trouvé cela doit avoir connu par sa propre expérience la dureté des corvées et les angoisses de la famine; car « le repos des doigts » et « la réjouissance du ventre » ont plus de prix à ses yeux que toutes les litanies ampoulées qui furent inventées par des adorateurs extatiques, pour glorifier d'autres dieux. Le chantre du Nil s'élève à la poésie sans se départir des banalités de la vie réelle et même dans les rares moments où il nous semble payer son tribut au pathos vide, presque obligatoire dans cette sorte de composition, il ne fait qu'exprimer un fait très palpable et très réel, mais de manière que la vraie portée pourrait nous en échapper à première vue. « *Dieu caché, qui amène les ténèbres au jour où il te plaît de les amener... qui perpétue la durée des temps :* » c'est qu'en Egypte, les saisons se règlent, en effet d'après le Nil, et les générations, les temps ne s'y perpétuent que parce que le Nil refait tous les ans son prodigieux travail. L'hymne est fétichiste au fond, puisqu'elle n'est qu'une déification pure et simple d'un phénomène réel très concret, envisagé sous un point de vue des plus matériels; et si elle s'élève à des conceptions élevées que nulle théosophie spiritualiste n'a jamais dépassées, c'est que le fleuve-fétiche est, comme nous l'avons vu, d'une nature tout à fait unique et exceptionnelle.» *On ne le taille pas dans la pierre... On ne peut l'attirer dans les sanctuaires; on ne sait le lieu où il est* et quelques autres inventions analogues à celles qui ont été inspirées aux prophètes d'Israël par un monothéisme des plus quintessenciés, ne sont, dans la bouche du glorificateur du Nil, que la sobre expression de la réalité géographique. Mais si je cite ce poème en ce lieu, c'est que son auteur est un comptable tout aussi précis et minutieux qu'il est poète; on ne saurait énumérer avec plus d'exactitude, en aussi peu de mots, les bienfaits les moins discutables et les plus matériels que l'Egypte doit au Nil.

Mais cette brillante médaille n'en a pas moins son revers. D'abord, pour que le Nil soit « bon, » il faut que l'inondation soit de *seize coudées,* ce qui est loin d'arriver régulièrement et invariablement tous les ans. Le régime de ses inondations est trop compliqué pour ne pas être soumis aux chances du hasard; et si le niveau est de trois coudées seulement au-dessous du normal, on a l'un de ces *Nil désastreux* que nous connaissons par la Genèse, et les pluies sont sujettes à bien des écarts sur le massif de l'Abyssinie ! Si elles étaient beaucoup plus fortes que la moyenne, les eaux déborderaient avec trop de précipitation, balayant les habitations, et noyant les habitants et tout leur avoir. Les choses prendraient alors un aspect encore plus sinistre. Certes, dans tous les pays agricoles, les années de disettes alternent plus ou moins souvent avec les bonnes ou moyennes années, mais nulle part ailleurs le contraste n'est aussi horrible que dans cette fertile vallée nilotique où les populations extrêmement nombreuses sont condensées sur un territoire uniforme et limité de toute part par le désert. La peste, dans les deux cas, était un compagnon inséparable de la famine, non pas comme partout, mais dans des proportions tout à fait exceptionnelles, car toute irrégularité dans le débordement ou le retrait du flot, produit nécessairement, en Egypte, des mares d'eau stagnantes chargées de détritus qui se décomposent vite sous ce ciel ardent. Mais laissons de côté ces écarts sinistres qui ne sont heureusement pas très fréquents, et considérons ces débordements sous leur aspect le plus favorable. L'Egypte de Ménès apparaît sur la scène de l'histoire comme une Minerve sortie toute faite de la cuisse de Jupiter, armée de presque toutes les inventions techniques qu'il lui a été donné de réaliser spontanément, et surtout, possédant déjà une organisation sociale passablement compliquée. Pour apprécier les avantages *naturels* de ce milieu si particulièrement propice pour l'histoire, il faudrait nous représenter la vallée du Nil, non pas telle qu'elle a été faite par le travail accumulé de qui sait combien de générations obscures ayant précédé l'éclosion du despotisme pharaonique, mais bien telle qu'elle s'offrait à ses premiers occupants.

Par bonheur, pas n'est besoin de nous tourmenter l'imagination pour ce travail de reconstitution de géographie protohistorique. Ce qui se passe actuellement près de Dongola peut nous donner une idée assez approximative, en miniature, de ce qu'était l'Egypte entière «à l'état de nature,» si nous voulons prendre en considération que, par sa situation moins élevée, la vallée historique est bien plus exposée aux caprices du fleuve. Les eaux débordées du Nil ne pouvaient certes pas s'y superposer avec une régularité mathématique tous les ans, et toute variation dans la direction des coulées devait nécessairement bouleverser le sol, déplaçant à chaque inondation successive les dépôts des années précédentes. Au retrait, chaque élévation du terrain constituait un obstacle pour l'écoulement de l'eau dont chaque ravine, chaque dépression du sol retenait une flaque suffisante pour devenir aussitôt une pépinière de miasmes meurtriers. Loin de ressembler à l'Egypte verdoyante des temps historiques, cette Egypte primitive ou naturelle présentait, au contraire, à ses premiers colonisateurs, une image très réussie du chaos qui contient, en effet, dans son sein informe l'élément de toutes les bonnes choses, mais qui reste néant jusqu'à ce qu'une volonté puissante et intelligente l'ait façonné. Or, ce travail de l'ordination du chaos que le Yahweh biblique faisait complaisamment pour le peuple d'Israël, le divin Hapi des Egyptiens l'abandonnait en entier aux soins de ses futurs adorateurs. Avant de prodiguer ses dons au peuple de ses élus, qu'il semble avoir recruté sans préjugé de race parmi les Noirs, et les Rouges, les Jaunes et les Blancs, il le soumettait à une rude épreuve : ces hordes sauvages qui prospèrent dans le bassin du Congo, dans le domaine de la barbarie, dans une fière indépendance, mais sans lien de solidarité intime et efficace entre les individus, étaient impitoyablement condamnées à périr de peste et de misère dans cette admirable vallée du Nil.

« Maintenir au fleuve un lit fixe, répandre par des canaux secondaires s'embranchant sur son cours le contact fertilisateur des irrigations sur la plus grande surface possible, obliger, par une série de digues transversales à la vallée, les eaux de l'inondation à séjourner quelque temps sur les terres en y déposant paisiblement leur limon, de manière à les colmater au lieu de les dénuder ; assurer et protéger les sites choisis pour centres d'habitation, afin de les empêcher d'être, eux aussi, envahis et emportés par le flot démesurément grossi ; organiser des machines d'une conception simple, faciles à construire et à manœuvrer, qui permettent d'élever l'eau de façon à lui faire arroser des terrains dont l'inondation n'atteint pas le niveau ; enfin, lorsque le fleuve commence à baisser, faciliter la retraite régulière de la nappe liquide, de manière à ce que tout rentre graduellement dans son lit et qu'il ne reste pas de ces mares dont les exhalaisons corrompent l'air; voilà le programme complet des travaux indispensables que les Egyptiens durent exécuter pour profiter complètement du bienfait naturel dont la Providence avait gratifié le pays où ils avaient établi leur demeure et pour lui faire rendre tous ses fruits. C'est par là qu'ils furent amenés tout d'abord à achever, en l'assurant, la prise en possession du sol... »

« Les nécessités résultant des conditions physiques du régime des irrigations, qui seules donnent la fertilité à l'Egypte, ont exercé sur l'histoire de ce pays une influence décisive et qu'on ne saurait méconnaître. Le système des travaux qui régularisent et étendent les effets favorables de l'inondation forme un ensemble dont toutes les parties se tiennent par un lien nécessaire et dont l'action doit se combiner des cataractes de Syènes à la mer. Qu'une seule partie soit négligée, tout le reste périclite. Qu'une des provinces du cours supérieur laisse encombrer ses canaux et cesse de les entretenir, le régime du cours se trouve modifié pour les autres provinces; et, sur une vaste étendue du territoire, sinon sur le pays tout entier, la fertilité du sol, le succès de la culture sont compromis. Il est donc indispensable qu'une surveillance uniforme, qu'une direction commune s'étende à tout l'ensemble du système et y préside avec une active vigilance...» « Un tel besoin a imposé de bonne heure au pays l'unité politique et la monarchie absolue... »

« Et ces conditions physiques d'une nature toute particulière n'ont pas seulement imposé l'unité à l'Egypte. Elles semblent l'avoir nécessairement condamnée au despotisme... Aucun peuple n'a porté aussi loin le respect du pouvoir royal, n'en a exalté la conception à une pareille hauteur, ne l'a aussi complètement regardé comme divin. C'est que nulle part le peuple, dans ce qui faisait la condition même de sa vie matérielle, dans la production de ce qui était indispensable à sa nourriture, n'en sentait autant l'action et la nécessité...»[1]

Et le savant auteur auquel j'emprunte ce passage, après nous avoir exposé avec cette remarquable clarté et cette précision

[1] Fr. Lenormant, *ouvrage cité*.

les origines toutes géographiques du despotisme égyptien, s'écrie: « L'école déterministe en histoire peut ici se donner carrière pour soutenir qu'il est des fatalités inéluctables de la nature qui pèsent sur l'homme sans qu'il puisse en secouer le fardeau, ne permettant la liberté qu'aux habitants de certains pays et de certains climats, et imposant à d'autres peuples la nécessité de rester à jamais courbés sous le bâton d'un despote... Oui, il existe une sorte de fatalité de nature qui exerce son action sur les habitants de tel ou tel pays, et qui résulte de la combinaison d'une infinité de circonstances extérieures... »

Cet aveu nous est précieux de la part d'un savant aussi compétent dans ces matières et d'un adversaire aussi déclaré du matérialisme historique. Mais l'archéologue regretté, le dernier Mohican de l'arbitraire providentiel dans l'histoire, nous accorde plus que nous ne saurions accepter raisonnablement. L'école déterministe est bien moins fataliste que M. Fr. Lenormant. Elle ne peut admettre sans faillir à son principe fondamental — qui est l'évolution — « une fatalité inéluctable de la nature qui pèse sur l'homme sans qu'il puisse en secouer le fardeau »; et en Egypte, pas plus que partout ailleurs, les destinées historiques du peuple ne sont déterminées une fois pour toujours, irrévocablement et invariablement, par l'ensemble des conditions physiques du sol. — Mais dans la vallée du Nil, comme dans tous les autres pays de l'univers, à toutes les époques, l'état politique et social des habitants découlait logiquement et naturellement du rapport entre le caractère de la coopération imposée par le milieu d'une part, et d'autre part par l'aptitude des populations de fournir par un concours libre et volontaire, c'est-à-dire anarchique, la quantité et la qualité du travail collectif exigé par le milieu. Les deux déterminantes — le milieu et l'aptitude à l'adaptation anarchique — étant variables, il s'ensuit que les destinées historiques des peuples cantonnés dans quelque pays que ce soit doivent nécessairement varier. Sans doute, les changements géologiques et climatiques sont lents; et, sauf un nombre assez restreint de cas particuliers, comptent pour peu dans l'histoire politique et sociale de l'homme; mais, par contre, les modifications que l'industrie humaine, le travail accumulé des générations produisent dans la nature du pays ont une grande importance, et il serait absolument contraire aux principes de l'école déterministe de les négliger. Ainsi, les travaux des colonisateurs protohistoriques de la vallée du Nil avaient légué à leurs descendants du temps des premières dynasties memphites un milieu ambiant différent de celui qu'ils avaient reçu eux-mêmes, plus ou moins directement des mains de la nature; et plus tard, de nouveaux travaux hydrauliques, surtout la création du grand réservoir de Fayoum, par exemple, modifiaient considérablement à leur tour les conditions physiques, pour les Egyptiens des temps des Amon-em-hat. — Infiniment plus variable est, sans contredit, dans les différentes générations consécutives, l'aptitude à la coordination anarchique du travail collectif imposé par le milieu. Héritant des habitudes d'ordre et de sociabilité, familiarisé avec l'utilité de certains travaux dont ses ancêtres ne pouvaient encore concevoir librement ni apprécier le plan compliqué, ayant acquis, par une longue expérience, une notion plus consciente des liens de solidarité qui le rattachent à la nation, l'individu porte de plus en plus librement sa part légitime du fardeau et sent de moins en moins la nécessité d'un pouvoir extérieur, pour régler, à la satisfaction de tous et de chacun, le jeu complexe du mécanisme social. — Les voies de l'histoire, comme celles de la nature, ne sont jamais rectilignes, mais toujours tortueuses, grâce à mille influences concomitantes et adventices; mais la règle générale, la norme ne saurait être autre cependant que le Progrès, le groupement de plus en plus psychologique et volontaire des coopérants, parallèle à l'accroissement du pouvoir de l'homme sur la nature. L'amplitude et la rapidité des variations croissent à mesure qu'augmente le pouvoir de l'homme sur l'espace et le temps, et la valeur historique des siècles n'est pas égale à leur durée. On comprend sans peine qu'aux temps des premières civilisations historiques, l'humanité ne pouvait avancer qu'à pas de tortue sur ce même chemin que nous parcourons aujourd'hui à la vapeur, et si nous jugeons des temps anciens sans tenir compte de cette «perspective historique,» une illusion inévitable nous fera voir un arrêt, une stagnation dans cet acheminement pénible et lent vers le Progrès. Quant au caractère prétendu «immuable» de l'Egypte que tant d'auteurs respectables ont ressassé, depuis Hérodote et Bossuet jusqu'à MM. Charles et François Lenormant inclusivement, les découvertes de l'égyptologie moderne l'ont, depuis longtemps, relégué dans le domaine de ces fictions vénérables qui ne résistent pas au premier souffle de la science et de la vérité.

Rigoureusement parlant, le milieu nilotique n'imposait pas à ses occupants le despotisme, mais la solidarité à un degré que l'on peut nommer maximal et qui aurait été superflu dans un de ces pays si nombreux dans tous les continents, où chaque laboureur peut gagner sa subsistance en travaillant seul ou avec l'aide des membres de sa famille, sans se préoccuper outre mesure de la communauté ni de son voisin. L'anarchiste Elisée Reclus interprète plus fidèlement que le pieux auteur des *Origines de l'histoire d'après la Bible* la réalité géographique quand il s'exprime en ces termes : « Le Nil, propriété commune de la nation, inonde toutes les terres à la fois, et, avant que les géomètres eussent cadastré le sol, il devait le rendre propriété commune; les canaux d'irrigation indispensables pour la culture depuis que l'exploitation du sol a dépassé la zone des terres régulièrement inondées, ne peuvent être creusés et entretenus que par des multitudes de travailleurs piochant en commun. Il ne s'offre donc que deux alternatives aux cultivateurs: être tous associés, égaux en droit, ou tous esclaves d'un maître natif ou étranger.»[1]

C'est la dernière alternative qui s'est réalisée, car c'eût été un prodige et les mots de «Evolution,» de «Progrès» eussent été vides de sens, si, à son début historique, l'humanité se fût montrée apte à résoudre ce problème ainsi posé d'emblée dans ces termes et dans les conditions les plus difficiles. Pour qu'il y eût une Egypte et une histoire universelle, il fallait un «dispensateur du Nil,» mais c'était une nécessité purement psychologique, car le meilleur des Pharaons ne pouvait rien ajouter de réel à la puissance d'adaptation des Egyptiens, comme un drapeau n'augmente pas la force physique des combattants, ou comme tout autre symbole ou fétiche qui n'a pas de vertu propre hors celle que veulent bien lui prêter ceux qui l'ont façonné. Ce ne pouvait être le plus fort, ni le plus sage, ni le plus entreprenant des hommes, car devant

[1] *Nouvelle géographie universelle*, T. X.

le «Mystère du Nil,» insondable et réel, tous étaient également impuissants et ignorants. D'après Marius Fontane, le Pharaon devait être le plus machiavélique des Egyptiens. « Tandis que les *sujets* pouvaient croire que le *maître* savait les mystères du fleuve, le souverain, lui, n'ignorait pas sa propre ignorance, et, pressentant une puissance supérieure à la sienne, l'orgueil du pouvoir ne l'aveuglait pas.»[1] L'hypothèse est ingénieuse, mais elle me paraît inadmissible. *Charité bien entendue commence par soi-même,* prétend un dicton bien connu, et qui est indiscutable si nous l'appliquons à la supercherie. Un charlatan n'est admis dans le Panthéon historique qu'à condition d'avoir été sa propre dupe. D'ailleurs, l'auteur des *Egyptes* ne se contredit-il pas quand il dit plus bas: «Il ne semble pas que dans l'histoire des hommes on puisse citer une divinité plus noblement adorée que ne l'a été le Nil; c'est que le Nil fut, sans doute, le seul dieu que ses propres prêtres crurent possible, le redoutant.» Pour jouer en toute conscience son rôle d'interprête des décrets du Nil à son peuple, le Pharaon avait un moyen infaillible: faire ce qu'avaient fait ses prédécesseurs. Ainsi s'expliquent le traditionalisme exagéré, le ritualisme rigide et méticuleux, l'imitation servile du passé qui constituaient le fond de la morale et des mœurs égyptiennes.

On a souvent répété que le Pharaon était envisagé comme dieu de son vivant. En effet, sa résidence — Memphis — était considérée comme la «demeure de la Divinité» *(Ha-ka Ptah);* nos savants ont eu beau fouiller dans tous ses recoins le Panthéon de l'ancien empire, ils n'y ont trouvé, excepté les Pharaons morts ou vivants, que deux autres habitants: le bœuf, l'animal du labour, et le bouc dont les cornes ornèrent, à l'époque des Ptolémées, l'auguste front du Jupiter-Ammon, qui jouissait d'une vénération si générale dans tout l'empire méditerranéen. Il semblerait que les Egyptiens furent amenés à l'idée de Dieu en projetant, pour ainsi dire, dans le monde des abstractions, la représentation concrète du Pharaon mort ou vivant. Non seulement au début, mais aussi pendant toute la première période de l'histoire égyptienne, le Pharaon y tient lieu de toutes les fictions et de toutes

[1] *Les Egyptes,* T. I.

les institutions religieuses et civiles.[1] Il résume et absorbe en lui la coercition quintessenciée dans son indivision tellement absolue qu'il serait difficile de l'exprimer dans notre langage moderne, trop analytique et logiquement articulé. Aussi loin que nous pouvons le suivre dans l'histoire, le despotisme pharaonique nous apparaît d'une nature remarquablement bénigne. Dès les temps les plus reculés, l'Egypte semble avoir ignoré ces supplices féroces qui déshonorent jusqu'à ce jour la législation patriarcale du Céleste Empire. Ce seul fait, à mon avis, pourrait constituer déjà une preuve évidente que le pouvoir absolu dans la vallée du Nil n'a même pas été contesté. Mais il y a plus. Pendant toute cette longue période de l'histoire égyptienne, l'absolutisme est tellement sûr de lui-même, qu'il ne se manifeste que par des actions absolument inutiles ou inconsciemment préjudiciables au bien de la communauté. A en juger d'après les monuments des dix premières dynasties, l'activité réelle d'un Pharaon-modèle de cette époque se réduit à : 1° S'adresser un culte à lui-même; 2° faire construire des pyramides, c'est-à-dire gaspiller les forces de dizaines de mille de ses adorateurs fidèles à l'érection de ces monstruosités inutiles qui feront l'étonnement de tant de postérités.

Je ne sais quelle révolution cachée se produit, plus ou moins subitement, dans les institutions et les mœurs de l'empire; mais avec la XIIme dynastie, les choses changent sensiblement de nature et d'aspect. Voici sous quel jour Amon-em-hat Ier, le fondateur de cette glorieuse lignée de Pharaons d'un genre tout nouveau, voudrait faire envisager son activité à son fils et héritier Ousur-te-Son Ier. «Soit que les sauterelles aient organisé le pillage, soit qu'on ait machiné des désordres dans le palais, soit que l'inondation ait été insuffisante et que les réservoirs se soient desséchés, soit qu'on se soit souvenu de ta jeunesse pour agir (contre moi), je n'ai jamais reculé depuis que je suis né. — J'ai fait labourer la terre jusqu'à Abou; j'ai répandu la joie jusqu'à Adhou; je suis celui qui fait pousser les trois espèces de grains, l'ami de Neprat.[2] Le Nil a accordé à mes prières l'inondation sur tous

[1] Fr. Lenormant, G. Maspero, *ouvrages cités.*

[2] Le dieu des récoltes.

les champs; point d'affamé, point d'altéré sous moi, car on agissait selon mes ordres, et tout ce que je disais était un nouveau sujet d'amour. J'ai terrassé le lion et capturé le crocodile.» — « *Agis mieux que n'ont fait tes prédécesseurs*, maintiens la bonne harmonie entre tes sujets et toi... »[1]

Ce seul conseil *d'agir mieux que les prédécesseurs* eut paru un affreux blasphème aux rois des dix premières dynasties. Mais le fait d'un Pharaon se préoccupant de la bonne harmonie qu'il doit maintenir entre ses sujets et lui, et ordonnant des travaux utiles au lieu de célébrer un culte à sa propre divinité, ne nous paraît-il pas encore plus remarquable? Ce n'est donc plus tout désormais que d'être Pharaon, puisqu'il faut faire légitimer son pouvoir par des travaux de vulgaire utilité? Certes, les Amon-em-hat ne cesseront pas de construire des pyramides, mais ces pyramides seront en briques et de dimensions bien mesquines en comparaison des géants des siècles passés. Cette réduction dans les dimensions des pyramides et ce notable recul dans l'art de les construire ont paru, à maint archéologue érudit, une raison suffisante pour affirmer que, depuis que l'Egypte apparaît sur la scène historique, nous la voyons déchoir, mais jamais progresser.[2] Un historien ne saurait méconnaître cependant qu'un progrès important s'est réalisé dans l'intervalle: le Pharaon a tremblé. D'ailleurs ce même Amon-em-hat Ier nous en fait l'instructive confidence: « *Voici, on assembla des armes contre moi, et je devins aussi faible que le serpent des champs.* » — D'ailleurs, ce notable progrès du lien sociologique n'est nullement racheté par une décadence de l'art technique, et si les Amon-em-hat ne construisent plus de pyramides, ils feront creuser ce lac Mœris, ce réservoir de dix millions de mètres cubes d'eau que les ingénieurs modernes ne peuvent s'empêcher d'admirer. — Ainsi, ce changement manifeste que tous les égyptologues signalent entre l'ancien empire et l'époque thébaine, a le double caractère d'un vrai progrès historique; il est en raison inverse du pouvoir de l'homme sur l'homme et en raison directe du pouvoir de l'homme sur la nature.

[1] Traduction de G. Maspero.

[2] Ch. Lenormant, Fr. Lenormant.

Le pouvoir absolu ne peut être que symbolique de par son essence. Quand il se donne pour raison d'être le mérite du titulaire ou l'utilité publique, on peut être sûr que l'ère de sa déchéance a commencé. En effet, depuis la XIIme dynastie jusqu'à la décadence manifeste de la période saïte, l'histoire de l'Egypte ne nous présente plus qu'une longue suite de phases successives de la décomposition du pharaonisme, dont chacune marque, dans l'histoire universelle, un pas important vers le Progrès. *L'absolu pharaonique* des temps memphites se scinde en deux parties : le temporel et le spirituel, le roi et le prêtre, qui peuvent pactiser par moments pour prolonger leur agonie mutuelle, mais qui n'en sont pas moins condamnés fatalement à s'entre-dévorer, car deux absolus ne sauraient coexister. La gangrène ne tarde pas à gagner chacune des parties; les compétitions dynastiques, les ambitions des prétendants, le bureaucratisme fatidique des scribes, etc... — toute cette lèpre hideuse dont le pouvoir discrétionnaire apporte en naissant les germes — auraient suffi à ronger jusqu'au dernier lambeau ce corps jadis si puissant, si les conquérants persans n'étaient venus mettre fin à ce travail, en rejetant hors de l'arène historique ce gladiateur mourant. D'ailleurs, bien avant la chute politique de l'empire, le Pharaon a cessé d'exister au fond, car ceux qui porteront désormais ce titre depuis la restauration des dynasties thébaines, ne seront que de simples capitaines préposés à l'élargissement et à la sauvegarde des frontières de l'empire et au commandement des armées. Or le divin Hapi n'avait point d'attributions militaires dans sa compétence, et les «dispensateurs du Nil,» depuis que le flot de l'histoire les a lancés sur le terrain des batailles et des conquêtes, ne jouent plus qu'un rôle tout à fait secondaire, en comparaison des puissants rivaux qu'ils y ont rencontrés, c'est-à-dire des pillards couronnés de l'empire mésopotamien.

www.ingramcontent.com/pod-product-compliance
Ingram Content Group UK Ltd.
Pitfield, Milton Keynes, MK11 3LW, UK
UKHW022136190726
13855UKWH00003B/1170